金钱的秘密

关于债务、财富、幸福、贪婪和慈善的永恒传说

〔美〕泰德·克劳福德（TAD CRAWFORD） 著
祁长保 译

The Secret Life of Money
Enduring Tales of Debt, Wealth, Happiness,
Greed, and Charity

中国出版集团
中译出版社

图书在版编目（CIP）数据

金钱的秘密/（美）泰德·克劳福德著；祁长保译. -- 北京：中译出版社，2023.1
书名原文：The Secret Life of Money: Enduring Tales of Debt, Wealth, Happiness, Greed, and Charity
ISBN 978-7-5001-7189-8

Ⅰ.①金… Ⅱ.①泰…②祁… Ⅲ.①货币史—世界—通俗读物 Ⅳ.① F821.9-49

中国版本图书馆 CIP 数据核字（2022）第 209595 号

THE SECRET LIFE OF MONEY: ENDURING TALES OF DEBT, WEALTH, HAPPINESS, GREED, AND CHARITY (2ND EDITION) by TAD CRAWFORD
Copyright: ©1994, 2022 BY TAD CRAWFORD
This edition arranged with JEAN V. NAGGAR LITERARY AGENCY, INC
through BIG APPLE AGENCY, LABUAN, MALAYSIA.
Simplified Chinese Edition Copyright : ©2022 China Translation & Publishing House (CTPH)
All rights reserved.
著作权合同登记号：图字 01-2022-4838

金钱的秘密
JINQIAN DE MIMI

出版发行 / 中译出版社
地　　址 / 北京市西城区新街口外大街 28 号普天德胜科技园主楼 4 层
电　　话 /（010）68005858，68358224（编辑部）
传　　真 /（010）68357870
邮　　编 / 100088
电子邮箱 / book@ctph.com.cn
网　　址 / http://www.ctph.com.cn

策划编辑 / 范　伟　张孟桥
责任编辑 / 张孟桥　范　伟
营销编辑 / 曾　頔　白雪圆　喻林芳
版权支持 / 马燕琦　王立萌　王少甫
封面设计 / 仙境设计
排　　版 / 邢台聚贤阁文化传播有限公司
印　　刷 / 中煤（北京）印务有限公司
经　　销 / 新华书店

规　　格 / 710 毫米 ×1000 毫米　1/16
印　　张 / 17.25
字　　数 / 200 千字
版　　次 / 2023 年 1 月第 1 版
印　　次 / 2023 年 1 月第 1 次
ISBN 978-7-5001-7189-8　　　　定价：79.80 元

版权所有　侵权必究
中 译 出 版 社

序　言

《金钱的秘密》所探讨的是怎样加深自我意识以及我们与金钱之间的关系。与很多提供实用建议的理财类图书相反，本书利用来自不同文化和时代的传说故事、精神领袖的洞见、经济发展史等，来解开有关金钱的秘密。

这些记录所追求的丰富性存在于我们的内心，为我们提供了一种全面而充实且有意义的人生，是对我们生命的神秘莫测和大自然的慷慨赐予表达谢意和心存感念的能力。

心理学家荣格（C. G. Jung）提出所谓的"赋予个性"，是人们发展成为更加完整的自己的过程，其中的一部分就是努力揭示隐藏在潜意识中的事物，并开始感知到从前未知的事物。《金钱的秘密》致力于在这一自我发现的过程中发挥一定的作用。

早期的人类对狩猎、采集或种植的收获感恩戴德。他们在大自然的供应和人类能够提供的回馈之间创造出一种循环。大自然的给予是有形的，而人类在仪式、祈祷和祭祀中提供的回报则是精神的，是对带来这种丰饶的神圣来源的认可。

最终，为了代替以物易物，促进人际的交流，涌现出来无数种形态的金钱。金钱的极限就是人类想象力的极限。从狗和海豚的牙齿到声言"我们信仰上帝"[1]的纸钞和硬币,再到比特币和其他很多数字货币——金钱是人类思想的产物。

除世俗用途外,金钱还可以用于精神上的流通。古希腊人在诸如德尔斐(Delphes)之类的圣地建造金库,用于存放奉献给众神的财富。后来,罗马人把丰收女神墨涅塔(Moneta)当作金钱女神,有大量的金钱从她的造币厂里流出,而以墨涅塔这个名字作为词根的,还包括思想、度量、记忆、精神、勇气、警告和狂热等词语。

能把一切都变成金子的米达斯(Midas)[2],不愿分享自己收获的渔民,和同伴走在通往翡翠城的金色大道上的多萝西(Dorothy)[3],不愿给予的斯克鲁奇(Scrooge)[4],不仅分享食物还分享债务的猎人,天上掉下来的钱财,埋藏的珍宝可以成为精神财富,否则就会被盗走,债务如何与遗产一样,遗产对家庭的影响,华尔街上牛和熊的象征意义,将我们从已知世界带到未知的阴曹地府的金枝(golden bough)[5],信用卡,消费者信心指数,纽约证券交易所,美元背面的"全知之眼",所有这些,还有其他填满《金钱的秘密》的书页的许许多多内容,都说明了蕴藏在"墨涅塔"和"金钱"这两个词中的含义。

---

1. 指美元纸钞和硬币的反面上印着的那句"In God We Trust"。——除特别说明外,本书所有页下注均为译者注。
2. 希腊神话中的弗里吉亚王。他贪恋财富,曾求神赐予点物成金的法术。
3. 指《绿野仙踪》的主人公。
4. 指狄更斯的小说《圣诞颂歌》中的那个商人。
5. "golden bough"指罗马神话中带有金色树叶的断枝,本书后文讲到它帮助特洛伊英雄埃涅阿斯(Aeneas)安全地出入阴间。

序 言

从《金钱的秘密》首次出版至今,时间已经过去了超过四分之一个世纪。随着金钱变得越来越抽象(缺乏贵金属支撑的纸钞到由看不见的区块链支持的数字货币),我们距离自然的丰饶渐行渐远。这种自然的丰饶带来了交换,并最终产生了金钱。为了从内心深处更好地理解金钱,我们一定要以金钱对实际的和日常的问题施加影响。除此之外,我们与自己及他人的关系也在深化。带着为新一代人提供帮助和洞见的希望,我乐见《金钱的秘密》新版本的发行。

——泰德·克劳福德

前　言

从前有一个人，他向供奉在自家神龛里的木头神像祈祷，祈求神像赐予他金钱，让他能够兴旺发达。然而，就算他跪到双膝疼痛、肌肉痉挛，神像也什么都给不了他。实际上，每过去一天，他的财产就仿佛被大风刮跑了一点儿。他的金钱越来越少，成功与他擦肩而过。

为了这么小的目标，这个人如此辛苦地祈祷了这么长时间，终于被可怕的狂怒惊醒。他一把抓起神像砸向墙壁，神像的头撞在墙上碎了。突然间，就仿佛一把神奇的钥匙打开了一把锁，一大堆闪闪发光的金子从神像被打破的脑袋里倾泻而出。

这个古老的传说代表了与金钱有关的悖论。为金钱而祈祷带来的是沮丧和绝望。我们的热切祈愿给木头神像赋予了生命，好像它知道能让我们成功的秘密方法。然而，金钱怎么会有能力成为我们的救赎，如果我们打碎这个念头，往往就会从未曾意料的地方，以未曾想到的方式发现财富，可能它们就藏在我们最熟悉的地方。

《金钱的秘密》这本书试图探索，为什么金钱远远不只是我们所认为的一种实用工具。为了理解金钱，我们必须看到它的象征性价值。本书将世界各地的故事和神话收集在一起，包括当下的和过去的，它们揭示出金钱是人类内心和精神问题的一个标记。这些故事的主题围绕着金钱，有时是黄金甚至食物，不过它们的中心思想都是关于我们的天性，我们内心的丰富，以及我们与其他人之间、与群体之间的联系。

这不是一本关于金融的书。它不会告诉你怎样提高收入、平衡预算、玩转股票市场，或者把钱藏入海外银行账户。很多书籍给出关于金钱的实用建议，本书却不涉及那个人们熟悉的领域。另外要强调一下，本书也无关于某种灵修能让一个人以金钱的形式"彰显"神对他的恩宠。

在这本书里，对金钱的探索不是关于金钱怎样获得，而是有关如何理解金钱。如果想知道金钱为什么有能力俘获我们的心灵，我们就不得不寻找金钱的起源。只有了解这些起源之后，我们才会看到，金钱向我们讲述生命和死亡、自然界的富饶，和我们自己的天性。

我们在日常生活中要不断与金钱打交道，其频繁程度甚至可能使我们因为太熟悉，而不再对它感到好奇。我们能从金钱中学到什么东西呢？它的规则看似如此简单。如果有钱，你就可以买到你想要的东西。如果没有钱，那么你必须得到钱，否则便只能忍受匮乏。

直白地说，在我们能得到金钱的时候，我们可能会热爱它，并且想要不计代价地占有它。让我们堕落的是这种爱慕，或者说是依恋，而非金钱本身。可是，如果我们将金钱视作一种象征，我们就会感觉到与他人之间联系越来越深的东西，甚至想要表达和分享内心不断丰富的欲望。

将金钱的象征价值牢牢地记在心中，我们就能够理解遗产所导致的感情问题与我们得到的金钱和财产几乎没什么关系。我们可以得出一个关于债务的新的观点——不仅把它当作一种偿还的义务，而且还是关于我们内心之丰富在未来如何表达的一项声明。我们也就可以对比金钱的象征意义和依靠创造债务谋取利润的银行信用卡中具有诱惑性的象征意义。我们就能够更好地领悟，为什么我们在此前的几百年里会看到信用卡的发明和推广使用，并且给美国货币本身带来巨大的变化。

我们在日常生活中对金钱的提及是如此频繁，以至于我们忘记了金钱在多大程度上是一个禁忌的话题。当然，在谈论价格、交易和有关富人的传说时，我们不会感到不舒服。可是我们敢不敢经常问别人挣多少，银行里有多少，继承了多少，或者是欠了多少钱呢？这样的提问显然突破了我们强烈主张的隐私界限，但只有理解了金钱的秘密和象征价值，我们才能理解为什么我们会有如此强烈的主张。

本书的书名为《金钱的秘密》，因为本书的意图是观察金钱可用性的内外两方面，并理解金钱以何种方式存活在我们的意识中。本书努力将金钱呈现为一项挑战，一扇大门，通过它我们能踏上更加深入了解自身的路径。如果拒绝通过这扇门，我们很可能会失去内心的丰富，失去我们与家庭和群体的重要联系。了解金钱的秘密——譬如，为什么"我们信仰上帝"这句话会出现在美元的纸钞和硬币上——可以帮助我们找到一种内心的丰富。这当然是一种财富，却不能用金钱予以衡量。

目 录

序言　Ⅰ

前言　Ⅴ

第一章　金钱的多种形态：理解它的象征价值　001

第二章　全能的美元：为何如此轻易崇拜金钱　021

第三章　金钱与祭祀：当金钱比生命更重要时　045

第四章　囤积金钱：守财奴为何失去生命的活力　073

第五章　财富之源：对供应获得一种新认识　105

第六章　遗产：属于父母的真实的和象征性的财富　129

第七章　债务：债务人的高塔如何连接天地　161

第八章　变化的符号：钱、信用卡和银行　201

第九章　牛市与熊市：股票市场如何反映不断更新的生命循环　229

后记　249

参考书目　259

致谢　263

第一章

金钱的多种形态：
理解它的象征价值

第一章　金钱的多种形态：理解它的象征价值

在这个充满非凡创意的时代，我们的祖辈中有不少人还曾见识过另外一个世界。那时候，第一次看到汽车的马匹受到惊吓，竟悚然直立，留声机还是一项新鲜的奇迹，飞机圆了人类飞翔的梦想，而收音机、电视机、原子弹、电子计算机和基因工程，这些都还朦胧地隐藏在神秘的未来当中。

即便是岁数最大的人，又是否能记得金钱尚未出现的时候呢？很多人相信，在一个大规模变革的时代，金钱是我们的北极星，一个我们可以信任的、固定不动的参照物。虽然我们不得不担心通货膨胀、债务，以及哪里的利率固定不变，但是很少有人质疑我们是否应当拥有金钱。对于促使人们摆脱金钱的使用，支票、信用卡、电子转账和自动柜员机都未能起到多少作用。对我们来说，金钱和语言一样，都是伟大的发明，它们的起源时间可以追溯到远古时期。此外，就如同语言能够被翻译，金钱也可以从一种货币兑换成另一种货币。

金钱是无处不在的，它能轻易地流动于我们的手中和周边世界，因此我们可以将身份与金钱关联起来。我们允许我们自尊的有无，至少在部分程度上，取决于能否成功地获得金钱。在本章中，我们不讨论日常生活中对金钱的追逐，而是向后退一步，去看看拥有更多金钱的梦想如何具有象征意义，对于无论是否真的有钱的我们如何发挥作用。在不同的社会和不同的时代，金钱表现出的形态数不胜数，通过对它们的研究，我们会发现，金钱的价值大多数情况下取决于它对我们思想所产生的影响力。金钱是一种力量的象征，可是它究竟象征着什么呢？为了回答这个问题，我们先要认识一位名叫"墨涅塔"的女神，来了解金钱如何根植于我们每个人的意识中和我们这个社会为了繁衍生息所要面对的挑战。

金钱作为一种符号的力量

"假如有更多的钱，我就会……"

我们可以找到无数种方式来完成这个句子：去旅行，买衣服，有栋更好的房子，帮助穷人，继续上学……这份清单可以一直罗列下去，就像人类的需求和梦想一样无穷无尽。

当我们憧憬着更多的金钱能为我们带来什么时，却很少有人能让自己拉开一段距离，以便看清这些幻想与实现它们所需的金钱之间的差别。那么金钱和幻想哪个更重要呢？幻想在我们心中，而金钱则是身外之物。换言之，幻想说出了我们的愿望，金钱则是中性的，无关乎我们是谁或者我们想要什么。

考察对于金钱的幻想，让我们看到了自己的思想以及内心深处的欲望。举例来说，一名35岁的男子渴望抛下他的工作，到一个热带岛屿上生活。只要有钱，他就能去。如果他忘了缺钱这回事，并且又乐于抓住机会探究自己的思想，或许就能发现许多真相：面对可能的升职，他害怕因此而必须履行的职责；他或许是对自己的婚姻感觉忧虑，却又无法直面其配偶；甚至他可能就是需要一次假期而已。

如果此人停止这种自我反省，只认为自己没有足够的钱，他便丧失了看透自己内心的机会。他一边过着眼前的日子，一边憧憬着别样生活，那种不曾经历过的，在异国岛屿的沙滩上充满热带激情的生活。他并未意识到，这种岛屿生活，是虚无缥缈的，是他对现实生活的逃避。他将金钱视作对立面，并选择在生活中忍受那种被剥夺的感觉。不过，他被剥夺的不是金钱，而是对自我的探索。

我们很少思考我们在精神上赋予金钱的力量。我们意识到缺钱使人受到限制，而有钱能让人们充满力量感。可是，除非我们以思想的力量将它激活，否则金钱真的没有任何用处。金钱不曾建造起一座大厦，从未制造出一件产品，也没有实施过一个拯救生命的手术，或是给出明智的投资建议。特别是在当今世界，金钱就是毫无价值的废纸——除非我们一致同意赋予其价值。

雅浦岛上的石币

为了说明我们以思想赋予金钱的力量——以及金钱对我们思想的影响力——让我们举一个很久以前的例子。公元 9 世纪，在西太平洋加罗林群岛（Caroline Islands）的雅浦岛（Yap Island）上，岛民所使用的钱币是一种挖出来的石头。这些石头的直径从1英尺[1]到12英尺不等，每块石头中间都钻出一个孔，以便这种沉重的钱币可以通过这些孔穿起来，并且能够携带。

这种被称作"费"（fei）的石币是从距离雅浦岛以南400英里[2]的一座岛屿上挖掘出来的，且一定是纹理很细密的白色石灰石。如果石头的品相合适，其大小就是决定价值高低的最重要因素。岛民通过海上航行把这种石币运到雅浦岛之后，其中有很多块都因为体积太大而无法轻易在岛上四处移动，于是在"费"的所有权发生转移的交易中，实际上那块石头并不会移动。旧的主人仅仅是在口头上承认所有权的改变，甚至都不用在石头上做出任何形式的记号。尽管石头本身可能还放在旧主人的地盘上，但是每个人都明白这个"费"的所有权已经易手了（甚至对于这种巨大的石头钱币而言，"易手"这个说法本身也更合适用在我们当下的纸钞和硬币上，因为前者在移动的时候，不得不需要很多人"扛着"）。岛民还使用椰子、烟草和一串串的珠子作为和"费"一起发挥作用的辅币。

如果"费"的所有权改变是如此简单，仅仅通过意见一致和心意相通，而再无其他，为什么还有必要把它从一座岛屿转移到另一座岛屿上呢？如果每个人都同意某一个人拥有某块特定的石头，这块石头放在哪里也就没有什么关系了。有关一块巨石的有趣故事证实了这一假设。

---

1. 1英尺约为0.305米。
2. 1英里约为1.61千米。

第一章 金钱的多种形态：理解它的象征价值

那块石头将一笔财富赋予了雅浦岛上的某个家庭，虽然好几代人都不曾见过这块石头，大家却都认可，这个家庭的确很富有。但是在把这块特定的石头从它被挖掘出来的岛屿运回来的长途海上航行中，它早已丢失在大海上。在猛烈的暴风雨中，承载石头的木筏散开了，石头落进深深的海底，肯定再也找不到了。然而，当历险者讲出石头的大小和成色，并且其主人对于它的丢失不存在过错时，每个人便都同意，它位于海底某处这件事不会影响其价值。经过几代人以后，这块传说中的石头的价值也未曾降低。石头放在这个家庭的前院里，还是丢在海里，并没有什么区别，因为现实里，它在所有人心目中作为钱币的价值并未减损。

对于思想与金钱的关联，以上的故事是一个非常好的说明。其实，岛民拿定了主意，金钱不一定非要由他们直接占有，甚至都不必在他们的视线之内，就可以具有价值并被拥有。经由这种群体的认同，金钱的生命就被加诸无生命的（并且是看不见的）石头之上。通过赋予石头生命，岛民也给予它力量。此外，就像自己的漂亮塑像变成一个活生生女人的那位雕塑家那样，岛民发现转化为生命的石头也可以带来巨大的苦恼。

1898年，德国从西班牙手中得到了加罗林群岛。鉴于雅浦岛没有公路，岛上的小路也很简陋，德国殖民政府命令岛民翻修小路。然而，在多少代人的时间里，他们一直都是用扛棒担着"费"沿着这些小路行走。岛民不需要，也不愿意翻修小路。

面对雅浦岛人的消极抵抗，德国殖民政府仔细考虑如何强制他们服从。岛民的财富以"费"的形式在岛上星罗棋布，要想将这些钱币没收，不仅需要大费一番周章，而且即使能够移动，又能把它们放在哪里呢？最后，德国人想出一个毒辣的计划。只派出了一个人带着一罐黑色油漆前往岛上各处。他给那些比较有价值的一块块"费"都画上一个小小的黑色十字。仅此而已。

然后,德国人宣布,黑色的十字象征着这些石头不再是钱币了。雅浦岛的民众,曾将几吨重的石头运过桀骜难驯的大海,如今却让一把油漆刷子将他们洗劫一空。岛民立刻开始翻修小路的工作。当他们完成了工作并赢得当局的满意之后,德国殖民政府就派另一个人去把"费"上的黑色十字都擦掉了。岛民欢欢喜喜地拿回了自己的财产。

当然,这座岛上什么都未曾改变,只有油漆被刷上又被擦掉,还有就是人们心中的想法改变了。这个巧妙的计谋把"费"置于德国人思想的权威之下。这就直接让他们获得了对岛民的控制力,因为他们将支配岛民思想的力量赋予了"费"本身。

我们可能会觉得雅浦岛岛民的思想和我们自己并没有什么共同之处。但是请稍等,让我们想象一幅科幻小说的场景,多少有些像 H. G. 威尔斯[1]的《世界大战》(*War of the Worlds*)。地球上到处都有外星人的太空舱开始降落,他们的技术要远远超出我们人类。幸运的是,仁慈的外星人提出的唯一要求是让我们改善一下高速公路系统。

我们对现有的高速公路系统很满意,所以什么也没做。外星人于是发出最后通牒,如果我们没有在 30 天之内改善高速公路系统,地球上所有的货币均将失去其作为金钱的地位。为了宣示他们的权威,外星人采用一种电磁脉冲令所有的信用卡失效,使

---

1. 指赫伯特·乔治·威尔斯(Herbert George Wells,1866—1946),英国著名小说家、新闻记者、政治家、社会学家和历史学家。他创作的科幻小说对该领域影响深远。

人们对不得不依赖现金。

突然之间，我们与雅浦岛人之间的相像之处似乎就超过了我们曾经的想象（或者说是意愿）。我们大部分的钱币就是纸张而已，它们显然是一无是处的，除非我们赋予其价值。如果外星人想让我们的钱币失效，我们肯定可以转而运用某种新的货币体系。这件事情难道就是简单地达成一致将其他什么东西称作金钱吗？然而，通盘考虑一下，谁又能怀疑，我们会不会立刻着手改善高速公路系统，并希望外星人早早离开呢？

在外星人访问之后，生活再也不像从前一样了。在雅浦岛，"费"一直使用到第二次世界大战爆发。虽然岛民后来转而使用美国和日本的货币，他们却并非自愿。这种曾经作为金钱的白色圆石头变成了装饰物，它们作为货币的价值也成了记忆。

金钱的多种形态

经济学家通常以功能对金钱加以定义：首先，金钱必须充当一种交换手段，人们为换取商品和服务而普遍接受；其次，金钱必须作为一种衡量的手段，就像一把尺子，人们可以将商品和服务进行比较；最后，金钱必须以一种可以被储存的形态存在。

与金钱本身的多样性相比，这种定义显得枯燥且乏味！因为金钱几乎可以在表现为任何形态的同时保持其功能。石头、椰子、烟草和一串串的珠子，都无非在告诉我们，金钱像普洛透斯神（Proteus）[1]一样，可以呈现难以计数的形态。

最令人无法释怀的是中国人的皮币。它最早应用于大约公元前119年的汉武帝时期，是由雄鹿的皮制成的。每一块鹿皮都呈方形，代表着很大一笔财富。在白鹿身上，中国人拥有的不仅是金钱，还有它本身的生命。

为了金钱而牺牲生命的现象在很多社会中重演。鼠海豚的牙齿曾充当所罗门群岛和马莱塔岛上的岛民的金钱。一群鼠海豚会被驱赶到浅水中，人们把它们杀死以后，会拔下其牙齿作为货币。在斐济，鲸的牙齿被用来充当货币，其中红色的牙齿因为更加稀少，其价值是白色牙齿的20倍。在圣克里斯托瓦尔（San Cristobel）[2]，人们饲养并杀掉成千上万条狗，目的是收集它们的牙齿作为钱币。在新几内亚的部分地区，公猪的獠牙被当作钱。在圣克鲁斯群岛（Santa Cruz Islands）[3]，年轻的男人将丛林中的小型鸟类头顶的红色羽毛制成钱。他们借助装满黏稠汁液的贝壳，还有模仿鸟的叫声，引诱并杀死这些鸟。在太平洋西北地区（Pacific Northwest）[4]，人们普遍把海狸皮作为货币使用，还有蜗牛和鲍鱼的外壳，毯子和其他毛皮，甚至是人类奴隶。但这些奴隶还算是很幸运的，相比于在婆罗洲（Borneo）[5]用人类头盖骨制作

---

1. 希腊神话中的一个早期海神，荷马所称的"海洋老人"之一，有预知未来的能力，但他经常变化外形使人无法捉到他，而他只向逮到他的人预言未来。
2. 在世界各地的很多国家，尤其是讲西班牙语的地方，有很多地名是"San Cristobal"，但是似乎没有拼写为"Cristobel"的。
3. 属于所罗门群岛的一部分。
4. 指太平洋沿岸的美国西北部地区，包括华盛顿州和俄勒冈州，有时还包括加拿大的不列颠哥伦比亚省的西南部。
5. 指加里曼丹岛。

钱币，他们至少还能活着。在金钱对于思想的胜利中，这种颅骨钱当然是最名副其实的（也是最残忍的）一个例子。

演变成金钱的东西普遍都是富有营养的或者美丽的。古埃及人用谷粒作为钱，而奶牛则是地中海国家中盛行的货币形式。很多沿海或岛屿上的人们制作美丽的贝壳串，特别是用子安贝的贝壳，大约 1 英寸[1] 长，白色或麦色。这些贝壳可能是最早的钱币。它们在公元前的印度、中国和中东流通了几千年，还包括后来的非洲、亚洲和太平洋岛屿。事实上，1942 年，日本人曾在新几内亚岛上大量分发子安贝的贝壳，导致这种贝壳的价值暴跌，对该岛的金融体系造成了破坏。

美洲的殖民者发现，印第安人用海贝壳制作串珠。这种串珠首先在新荷兰变成地方货币。在《1648 年法案》中，康涅狄格殖民地制定了一项标准，要求串珠必须"适合串联起来，不可大小不一，也不能像以前那样杂乱地混在一起"。这部法律针对的是当时十分严重的贝壳串珠造假行为。4—8 颗白色的珠子相当于一分钱，它们被染色以后经常冒充更值钱的黑色珠子。马萨诸塞殖民地允许用贝壳串珠偿还小额欠款，但是不允许用它们来交税。

第一种真正意义上的钱币，也就是说为了特别的目的铸造出来，发挥金钱作用的货币第一次出现是在中国。很长时间里，当地的农业工具一直被当作钱使用。大约在公元前 12 世纪，周朝统治者用工具的微型复制品代替真正的工具作为货币。经过大约 1 000 年，一种这样的"硬币"——刀币逐步演变，其刀刃部分消失了，只剩下圆形的刀柄，中间的孔也留下了。这个孔最初是为

---

1. 1 英寸约为 2.54 厘米。

了让这些刀币能够穿在一起。

西方最早的硬币是希腊人在公元前 750 年前后铸造的,由金和银的合金制成。因为这种合金的品位很容易下降,公元前 6 世纪吕底亚国王克罗伊斯[1]铸造了纯金和纯银的硬币。他的富有家喻户晓,以至于我们到今天还在说:"富抵克罗伊斯"。

我们因为受雇用而获得的,定义了我们如此多的精力和时间之用途的,不仅仅是金钱,而是薪水。"薪水"(salary)这个词来源于古罗马的单词"salarium",它的意思是盐。这反映了罗马人曾用盐向劳动者支付工钱。

以烟草作为金钱

北美各殖民地政府为了以各种农副产品充当货币,而固定它们的价格。居民可以用这些农产品交税,但是征税部门竭力避免收到瘦牛(因为最好的牛都被"囤积"起来而不会用来交税),也不愿处理盈余。直到 1670 年,马萨诸塞才废除了为使用谷物和牛作为货币而确定其价格的法律。最晚到 1720 年,南卡罗来纳的立法机构还为充当货币的大米确定价格。

有关金钱对于其发明者的思想的影响力,烟草给出了一段颇为有趣的历史。截至 1619 年,在弗吉尼亚,烟草不仅成为一种

---

1. 吕底亚是小亚细亚中西部的一个古国,存续于公元前 13 世纪到公元前 6 世纪,以其富裕程度和辉煌的首都著称。克罗伊斯是其最后一个国王。

地方性的货币,而且立法机构宣布它作为货币的价格是,一磅最好的烟草等于三个先令。烟草的种植规模因而极为迅速地扩大,以至于到了1631年,烟草与铸造货币的兑换比率暴跌。为了提升烟草的价格,立法机构制定法律,禁止特定人群(例如木匠和其他手工艺者)种植烟草,对许可的种植规模也加以限制,并提高烟草成品的质量标准。在1640年和1641年,立法机构又制定法律确定烟草的货币价格,不过他们确定的法定价格是市场价格的五倍。种植者被禁止以低于这一官方价格出售他们的烟草。这些法律不仅没有发挥作用,反而在贷款人和借款人之间造成了严重的不公平。

当此类法律未能阻止烟草种植面积的增长和作为货币价格的下跌时,立法机构转而在1642年采取了非常措施,通过了一部要求可以用烟草支付合同款项的法律。这就在实质上使烟草成为唯一的流通货币,如此一来,人们当然就越发想要种植这种"货币"。截至1666年,马里兰、弗吉尼亚和卡罗来纳不得不达成一项条约,一致同意在当年不再种植烟草。到1683年,烟草价格的下跌导致自发组织的治安队四处烧毁烟草作物。立法机构将这种破坏货币的行为视作颠覆活动,用死刑加以惩治。

一旦被赋予金钱的魔力,烟草就远远不止于一种作物了。它的种子不只扎根在土里,也同样种在了人们的思想当中。烟草作为金钱的代表导致其种植面积大幅扩张,远远超过应当由烟草市场价格决定的合理规模。政府拒绝接受由市场竞争确定的价格,反而相信他们可以通过立法来自行确定作为货币的烟草应当具有的价格。尽管作物不再种植,田地遭到焚毁,但是金钱的强烈吸引力导致烟草这种货币的供给依旧增长。

作为一种原型的金钱

我们已经看到金钱所呈现的不计其数的,并且常常是匪夷所思的形态。如果我们相信金钱,那么金钱的外形便无关紧要,不论它是铸造的硬币、印刷的纸钞、巨大的石轮、谷粒、烟草、狗和鼠海豚的牙齿,还是奇异鸟类的羽毛。

问题的关键在于,金钱必须对我们的内心具有影响力,这样才能对世界拥有控制力。首先我们一定要相信它的价值,然后才会根据我们能否得到金钱而改变我们的行为举止。从最广泛的意义上来说,金钱变成了一种承载关系的手段。它让我们可以作出选择,并与他人开展合作,它标志着我们如何处理我们的精力。

正是我们的精力朝向世界的这种流动,提出了交流的需求,无论是谈话、相爱、交易商品,抑或是金钱。事实上,金钱还有另一重定义,它是一种活力,是行动的潜力。

金钱的生命主要源自其隐藏的本质。金钱不仅关乎个人、公司,甚或是国家之间的金融交易,它也关联一些深层次的问题——如何消耗我们的生命活力,人们如何与他人一起生活,以及文化与社会如何存在与发展。为了得到我们的"盐"而每天付出的努力,模糊了金钱的深层含义,以及金钱通过什么样的方式让我们面对我们的生存和我们的行为的意义,无论我们是否意识到这种意义。

因为金钱关乎作为人类状态根本问题的关系与交流,它便具有了原型的意义。这种原型（archetype）[1]是继承自古代人类的经验，并体现在我们每个人身上的一种模式。即便我们通常不会意识到这些模式，它们依然存在于我们身上。于是，这些模式无意识地存活在我们的一部分当中，独立于我们的日常意识和身份的那一部分当中。然而，我们不仅会受到这些模式的影响，而且为了更好地理解自己，我们会有一种理解这种原型的愿望。

原型的范畴是不受时间限制的，也是超越个体的。它真正属于神的疆域。我们当下之所以对古代众神痴迷，主要是因为他们所表达的各种原型。以古希腊的某些神为例：宙斯（Zeus）是整合并组织生活的所有方面的主神；宙斯的妻子赫拉（Hera）关注的是婚姻和家庭；赫尔墨斯（Hermes）则扮演很多角色，包括帮助我们相互交流的商业之神。

当一位公司的董事长为了增加利润而对企业进行重组时，他或她就是以宙斯的原型模式展开运作。一位丈夫或妻子担心没有足够的金钱来促进家庭兴旺，这是来自赫拉的原型模式。将一件产品带给消费者的每一个步骤，包括市场调查、产品设计、包装、广告攻势和收取什么价格的决定，都受到掌管商业的赫尔墨斯的原型影响。对众神的研究让我们看到那些运行在我们中间的更大的模式。我们获悉了那种形塑人类命运的力量，有时候这种力量会让个体感到不知所措，迷失于对他或她的经历的理解中。

---

1. 心理学家荣格在他的人类心理学理论中使用的一个概念，也被称作"原始意象"。他相信，"原型"是以神话角色的形式，在全世界的人类的集体潜意识中存在的，体现了进化过程中一些基本的人类形象，于是这些原型便可以唤起人类深层次的感情。事实上有许多不同的原型，但荣格定义了能够代表人类基础欲望的12个主要的类型，每种类型都有自己的一组价值观、意义论和性格特点。

女神墨涅塔

"钱"(money)这个词是从何起源的呢？如果我们循着这个方向探索，就会遇到一位女神。她生活在原型的世界中，那个形塑了我们同时也等待着我们去发现的那个更大的模式。这样一位女神经常可以在我们努力发觉这些模式的过程中提供帮助。

"money"这个单词是从罗马女神墨涅塔的名字衍生出来的。在她的神庙中铸造的硬币远远地发行到帝国各处。实际上，拉丁语单词"moneta"（意思是铸币或硬币）逐渐演变成古英语单词"mynet"（意思是硬币或钱币），后者又变成了英语单词"mint"——铸币。

为了了解墨涅塔，我们必须先说一说罗马的母亲女神朱诺（Juno）。她是一位丰收女神，与那些灌输生育力，并使收获丰饶的众位母亲女神有着共同的起源。六月（June）就是以朱诺的名字命名的，这是一个适合结婚的月份。作为一位主神，朱诺是她最喜欢的城市，也是作为帝国首都的罗马城的保护神。在更加个人化的角色里，朱诺是女性的保护神，并掌管婚姻（作为朱诺·朱加利斯），分娩（作为朱诺·卢奇纳）和母性（作为朱诺·麦特罗纳里亚）。

古代的男神和女神往往不止有一个名字。每个名字都表现了他们天性中的一个方面。就像朱诺这样，一位可以同时掌管婚姻、分娩和母性的女神，针对其中的每一个角色都赋予其一个不同的名字。如果她使大地变得丰饶，她就需要一个名字与该角色

第一章　金钱的多种形态：理解它的象征价值

相匹配。墨涅塔就是朱诺作为金钱之母这一角色的名字。她是朱诺·墨涅塔，金钱从她身上源源不断地向外生发。

鉴于朱诺女神将在我们对金钱的秘密探索过程中扮演的重要角色，我们需要对其形象有一个更为全面的认识，这会对我们有所帮助。让我们想象一下，朱诺·墨涅塔，一位高高的、丰满的女性，光芒四射地站在我们面前。她已经成熟，不再是一个小姑娘，却还并未老去。她的脸庞坚毅而沉静，身上那件飘逸的长袍并不是为了突显她的端庄，而是为了防止我们的双眼被她放射的光芒刺伤。在她头上顶着的一个篮子里装着满满的小麦、玉米和所有哺育人类的食粮。她的双臂分别抱着一个婴儿——一个男婴和一个女婴。袍子的领口已经拉低，以便让孩子们吸吮她丰满的双乳。各种野生和驯化的动物围绕在她的身旁，只为得到她赐予的生育能力。在她的脚下，堆满了数不尽的金币和银币，恰似永不枯竭的泉水从她的身上流淌出来。她应有尽有，她的财富无法尽数，她的富有超出想象。

让我们把墨涅塔的这个形象牢记在心中。随着对金钱意义的仔细研究，我们会回到她所代表的这一模式或原型。人们自然而然地会认为女神是充满智慧的。具体到墨涅塔，她的智慧就来源于她的名字。

拉丁语单词"moneta"源自印欧语系的词根"men-"，意思是利用一个人的思想或想法。女神墨涅塔是仿效希腊的记忆女神谟涅摩叙涅。记忆的力量中所包含的是发出警告的能力，于是墨涅塔又被视为一个能够发出警示的女神。为了说明金钱如何以不同的方式对我们施加影响，我们可能会联想到希腊单词"menos"（意味着精神、勇气和目标）和"mania"（意思是疯狂），都与

"记忆"(memory)和墨涅塔源自同一词根。出自印欧语系词根"me-"的"度量"(measurement)这个词,也和精神能力有关,是金钱的一个重要方面。

度量、记忆和警告都作为重要的概念出现在我们的探索之中,但是这一章的主题是金钱对人的思想的影响力。我们都在以这样或那样的方式崇拜着木头神像。墨涅塔将我们的注意力吸引到这一事实上,因为她名字的由来透露出金钱和思想之间的紧密联系,她提醒我们注意出现困惑与幻觉的可能性。更进一步,她又指出有必要利用我们的思想照亮金钱这个主题,驱散围绕着那些我们不曾想过也不明所以的问题的晦涩与神秘。

拉比的建议

有一个来自犹太传说中的民间故事,讲的是一个穷人来向他的拉比[1]请教。这个人愤愤不平地抱怨说,再有几天就到逾越节(Passover)了,他没有钱买无酵饼、肉和圣酒,又觉得自己与家人不能穿着破烂的衣服去犹太会堂。

拉比试图缓解这个人的忧虑,他说:"上帝会帮助你的,不必担心。"

这个穷人还是放不下自己的担忧。最后,拉比让他把所需的东西和每样东西要花多少钱列出一个清单。清单里有无酵饼、

---

1. 拉比,一般指犹太人中的贤者。

肉、圣酒和新衣服，一共需要52卢布。

"所以，你需要52卢布，"这位拉比说，"现在你就无须担心无酵饼、肉、圣酒或者新衣服，而只剩一件事要担心了，那就是怎么得到52卢布。"

这位拉比是冷酷还是睿智呢？他已经向这个穷人提供了上帝的慰藉。如果这个人不相信上帝会帮助他，那么，从某种意义上来说，他就不准备走入犹太会堂做礼拜。他要去执行一项任务——为金钱而忧虑。如果这种担忧足够深入而又足够长久，或许就能使他对金钱的理解有所改观，他便能在一种新鲜而明亮的光线下审视金钱，发现它变得容光焕发，完全不同于他或曾有过的想象。

故事并没有告诉我们这个穷人最后去没去犹太会堂做礼拜。但是对于基督徒、印度教徒、穆斯林、佛教徒、多神论者、万物有灵论者，或者是不可知论者，金钱都具备相同的神秘性，拥有同样的秘密。我们为什么会经常地竖立木头神像呢？我们为什么很少被那种愤怒惊醒，以至于我们把神像扔在墙上打碎呢？为什么善意的人们会痛惜我们对金钱的崇拜，或是指责我们在追求金钱的过程中迷失了自我呢？

如果我们还记得墨涅塔，我们就可以回答这些问题，甚至更多问题。有一幅墨涅塔的画像，她的头部向一边倾斜，一只手拢住那只倾听的耳朵，将听到的东西都记了下来。当她对我们说话的时候，就像我们在梦中遇见的一个女子。我们的任务，我们的挑战，不仅是倾听，还要在醒来以后记住她的话语。

第二章

全能的美元：
为何如此轻易崇拜金钱

第二章 全能的美元：为何如此轻易崇拜金钱

我们经常听到人们对金钱崇拜的谴责。这些批评者，不论针对的是一个消费驱动的社会，或是一个投资高手赚得的超乎想象的财富，还是某些富人的粗俗炫耀，他们都没有抓住最根本的一点。之所以有这么多人崇拜金钱，是因为从起源上来讲，金钱就是天赐的。罗马人的铸币厂建在墨涅塔的一座神庙里，这并非偶然。

如果一味不满于金钱的罪恶，我们就会错过探索其丰富象征意义的机会。《圣经》中的确没有谴责金钱，但是警告我们："贪财是万恶之根。"[1] 不是金钱本身，而是人们对金钱的爱慕导致了罪恶。如果我们热爱金钱，就可能忽视它的深层意义。如果将金钱视作我们的目标，我们就不会把它当成一种可以将我们自己、我

---

[1]. 该句出于《圣经·新约》的"提摩太前书"第六章第十节。

们的家庭及我们的群体更紧密联系在一起的生命力量的象征。因此，对金钱的贪恋所带来的罪恶就不仅关乎我们自己，而且涉及那些我们最希望去爱的人。从某种意义上说，金钱激发我们去了解到底什么才是真正值得我们爱的。如果我们明白了金钱的起源，就可以让我们的爱远离金钱，并开启金钱所象征的潜力。

本章将要探讨的是，金钱在几千年前的神圣起源是如何从我们的视线和感知中消失的。历史给我们遗留下来的只有作为一种交易手段的金钱和它在人世间的实际应用。对于它的来源和首要目的，我们一无所知。而最初缔造了金钱的宗教性狂热依然存在于我们中间，鼓舞着我们，又使金钱具有了神奇的魅力。之所以说它神奇，是因为我们没有意识到，在我们想象的世界里，触碰金钱的感觉就像是与神发生了联系。

今天，金钱的神性起源所留下的暗示和遗迹依然出现在钱币上——某些情况下还十分明显，另一些时候则更加隐蔽。美国的硬币和纸钞坚定地宣誓"我们信仰上帝"。在一个以宪法确保政教分离的国家，这是十分不同寻常的。美国《宪法第一修正案》规定"国会不得制定关于下列事项的法律：确立国教或禁止信教自由……"。美国最高法院对这一条款的解读是，禁止联邦政府、各州和各州的代理机构（例如学校董事会）强制执行"向某一宗教或所有宗教提供帮助，或偏向某种宗教胜过其他宗教的法律"和规章。所以，不会有人因为去教堂或拒绝去教堂而受到惩罚，但是在学校里祈祷，即使是教派间祈祷，都是对宪法保护措施的侵犯。

如果一个学校董事会要求公立学校的学生每天早晨说"我们信仰上帝"，校董会就违反了《宪法第一修正案》。但是，在联邦法律的要求下，美国财政部必须将"我们信仰上帝"这句话印在所有的硬币和纸钞上。每天，数以亿计的人在交换钱币的时候把这句话来来回回地传递。如果这句话没什么意义，或许它应该被改成"我们相信联邦储蓄委员会"。当然，那听上去就失去了同样的意味，也失去了同样深远的意义。大家接受"我们信仰上帝"这句话铸在硬币上，却不能在学校里公开声明，其中的原因可能与金钱的古老起源有关。

为了探究这一古老起源，我们首先要跳出存在金钱的现实社会。金钱并不是突然出现在世界上的，也不是完全出于想象和认知的，而是逐渐产生的，是对人类进化的一种反映。为了理解金钱的起源，我们必须想象一下没有金钱的社会是个什么样子。我们一定要了解为了将狩猎和农业两种社会与其信仰的神灵联结起来而出现的交流的循环，以及怎样从中进化出金钱和市场。

狩猎者如何影响灵魂的世界

通过与大自然建立一种适当的关系，早期的人类部落试图对自然界施加影响。从本质上来说，这种适当的关系就是一种交换的关系。如果大自然今天提供了它的丰饶，什么东西能让它愿意明天再次提供其丰饶呢？早期的人们通过很多祈祷和祭祀的仪式找到了这个问题的答案。这些仪式铸造出人与其生活的世界之间的精神纽带。"祭祀"（sacrifice）这个词本身便是衍生自拉丁语的"sacrum facere"，它的意思是"使神圣、举行神圣的仪式"。所以一场祭祀仪式就是对众神表示崇敬的回馈。祭祀的合理性在于以物易物：我给予你，为的是你也给予我。这并不是一种粗俗的交流，就像商人在集市上的那种口角。因为大自然的力量是不可以被质疑的，祭祀就必须怀着敬畏和谦逊，以及最重要的，对完美结果的希望。

举例来说，美洲印第安人十分尊重滋养了他们的那些猎物的灵魂。太平洋西北地区的特林吉特、海达、钦西安和其他部落，在漫长的冬季中以储存的晒干或烟熏的鲑鱼维持生存。人们热切期待着每年的鲑鱼洄游，有个故事就讲述了一个小男孩如何去到鲑鱼一族的土地上。小男孩在那里学会了一种仪式，可以让被部落吃掉的鲑鱼在灵魂的世界里重新长出肉来，与每年洄游的鲑鱼一同归来。根据这个男孩的经历，印第安人便将吃剩下的鲑鱼的任一部分加以焚烧，以此展示出他们对鲑鱼灵魂的尊敬。这种贡品使得鲑鱼获得重生，反过来，鲑鱼又滋养了印第安部落。

即使是地处内陆的部落，也会举行盛大的宴会致敬每年捕捞的第一条鲑鱼。在这些筵席上，酋长或萨满会祈求天空酋长的不断保佑。然后，在场的每个人都会吃到一小块鱼肉，于是，每个人就都可以分享到这季鲑鱼的第一次收获。鲑鱼的骨头会被烧掉，有时候人们则会伴随着适当的祈祷把它埋起来或者扔回溪流之中。之后，印第安人相信鱼骨会找到返回鲑鱼家园的道路。在那里，鱼骨又会变成整条的鲑鱼，确保其繁殖能力足够让产卵的鲑鱼在每年重生的循环中再次进入印第安渔夫的网中。

古人认为祈祷和贡品有助于保证大自然的丰饶，美洲土著居民的仪式是这种普遍信仰的典范。例如，芬兰的狩猎部落在每年的熊节需要把被杀死的熊的骨头，与一把刀和滑雪板等有用的物件一起放进一座坟墓中。这头熊是受到尊敬的，人们把它当作朋友，请求它把人类致以它的荣耀告诉其他的熊，这样就确保了熊的灵魂愿意以丰满肉身的形式返回人间。

这样的节日类似于日本的阿伊努人对熊的崇拜。如果阿伊努人在山里捕到一只熊崽，就会把它带回村庄，像对待来访的神仙一样予以款待。它会被一个女子哺育，直到长得太大，甚至把它关进笼子它也会很温顺，一直到应该将它派回其灵魂家园的时候，人们再用箭把它杀死，又仪式性地将它"勒毙"之后，熊的脑袋和毛皮会被摆在宴会上以示尊敬。如此的尊崇鼓励熊的灵魂返回，在永无止境的繁殖循环中与阿伊努人分享它们重新长成的肉身。

农业社会如何争取好收成

共享这些信仰的，并非只有世界各地的狩猎-采集型社会。农业的发展和进化始于近一万年前，与之相伴的是人类行为的巨大变化，农民开始依附于土地。与此同时，食物的丰富促进了劳动的专业化、城市的发展和帝国军队的建立。还有祭司，他们成为一个更大的、更有组织的群体，提供祈祷和祭祀活动，希望神灵能让土地变得肥沃。农作物的歉收会对农民构成威胁，而统治者、祭司、士兵和工匠，也都会面临非常现实的饥饿的危险。

丰收仪式在农业社会中是普遍存在的。举例来说，如果游客在8月份到访过美国亚利桑那州那些炎热的方形山，就会很熟悉霍皮族印第安人。他们的脸用烟灰涂黑，两颊因抹着白泥而发亮，蛇帮的祭司舞者一个挨一个地用牙齿紧紧咬住活着的响尾蛇，在印第安村庄里围着小广场转圈。其他祭司用饰有羽毛的指挥棒引导着舞者并安抚这些蛇。自始至终回荡着的单调吟唱似乎发自大地内部。他们吟唱的内容是有关积云和下雨的。在舞蹈的最后，祭司尽可能多地抓住蛇，将它们带到沙漠里：向东、向西、向北，再向南。蛇得到祝福后被释放，带着重生的信息穿越大地，爬进阴间深处，进入世界的子宫，向大地之灵祈求滋养生命的雨水。

这种蛇舞仪式每年都与长笛仪式交替举行，后者也是为了祈求作物成熟和夏季末尾的降雨。这些为期 16 天的仪式是整整一年的仪式的核心。许多仪式在神话和象征的意义上既优美又复杂，它们试图保证滋养的雨水能够到来，并将丰收带给大地。

一年一度的仪式不仅关乎丰收，而且是有关人类与自然和宇宙的关系。这可以从"蛇少女"（Snake Maiden）的婚姻上看出来。一方是年轻的处女，作为两尊蛇女圣像的有生命的代表，另一方的"羚羊少年"（Antelope Youth）是一位经历了"净化仪式"的小伙子。这种婚姻仪式属于以蛇舞为高潮的一系列仪式的一部分，它用玉米、蔬菜、种子和来自丝兰根的乳状液体来象征希望之中的丰收。

在婚礼之后，圣歌响起，只为祝福在当天晚上而结合的这对年轻夫妻。最后，他们被各自的教父教母领回家里。这种仪式通过许多不同的组合祈求丰收：蛇帮和羚羊帮加入仪式，双角指向天空的羚羊与能够穿透大地的蛇之间的联系，人类加入大自然的世界，以及自然界中雄性与雌性力量的融合。

为了说明这些仪式的普遍性，我们可以将霍皮人的仪式与希腊人在2 000多年前举行的仪式进行比较。希腊人的庆祝仪式包括轮流举行的两种，2月份的仪式被称为"次神秘"，而9月份的仪式是"大神秘"。这些"神秘"被认为如此神圣，以至于人们对外人谈论它时都会被处以死刑。

根据我们对这些"神秘"的了解，人们在经过严格的净化仪式（包括沐浴和斋戒）后，便会体验到与得墨忒耳女神[1]的结合。在仪式的狂喜之中，这些新加入者感觉自己被带到了众神居住的奥林匹斯山，在那里他们见证了得墨忒耳和众神之神宙斯的神圣婚姻。这一神圣的结合带来了救赎。有个声音高声喊道："一个神圣的孩子诞生了！"并说起"玉米穗被静悄悄地收获"。对着这些不断再生并赋予生命的大地的象征，新加入者为求雨而高喊着"耶"以示感恩，然后跪下，为了分娩高喊"凯"。

这些农业社会在距离上相隔数千英里，又在时间上相差几千年，它们的仪式之间的相似性，揭示了农业人口为安抚神与灵并赢得其青睐而进行的祈祷和祭祀所具有的普遍性。举最后一个例子，在19世纪东印度群岛的布鲁岛上，每个家族在稻米收获以后都会举行一次聚餐。为了这顿饭，家族的所有成员都必须奉献出少量的稻米，并且这些稻米中有一部分是献给灵魂的。这顿大餐被称为"吃下稻米的灵魂"，它以大自然的活力滋养这个家族。今天，当地的婚礼中还包含着这种仪式的一丝习俗：向新娘和新郎抛撒大米就是古代丰收仪式的一个遗迹。

---

1. 希腊神话中的谷物女神，是婚姻和女性的保护神。

商界的"造雨师"

在今天的生意场上,人们用"造雨师"比喻那种能够促成交易并为参与各方创造利润的人,而他们本身不一定拥有强大的人脉和财务资源。这样的一个"造雨师"所创造的财富已不再是作物,而表现为金钱的形式。与他们进行交换的对象也不是灵或神,而是银行、投资人、持股人、客户以及其他从中获利之人。铭记这些交易的方式是将商业世界中的各方联系起来的各种协议,例如本票和有限合伙制。

当然,这其中缺少的是将部落的造雨师与他们的神和他们自己的天性联结起来的仪式之美。如果每一笔商业交易都像与神的婚礼一样庆祝,那会是什么样子呢?假如能够理解货币和市场的起源,我们至少可以重温一下神圣仪式的感觉,那些仪式曾经在创造财富的过程中起到了至关重要的作用。

墨涅塔、金钱和市场

人与神之间这种神圣的交流,和市场与金钱的演变之间具有什么样的关联呢?墨涅塔女神为我们提供了答案。钱是在她的神庙中铸造的,她也代表了朱诺女神的众多侧面的其中之一。墨涅塔来自朱诺,而朱诺本身又来自更早、更强大的大地女神,这种演化的过程告诉我们,金钱是由丰收的一个侧面演变而来的。当狩猎和田野的财富第一次被送回灵魂的世界以保证进一步的重生时,毫无疑问,这种大自然的馈赠是神圣的。随着文化变得更加复杂化和专门化,这种神圣的馈赠在那些将人类与上帝联系在一起的祭祀仪式之外被交易,变成了一种商品,起初是以物易物,后来要么变成了货币,要么被兑换成了货币。因此,无论货币的形状如何,它都一定起源于人类和精神世界之间的交流。

可是,为什么大自然的神圣馈赠会作为商品进入市场呢?货币为什么会起源于宗教仪式呢?在家庭内部肯定不会有金钱和市场交换,人们出于彼此相爱和家庭责任而共享食物。这种爱筵是在更大的群体中分享食物的基础,这类群体是由家庭发展而来的,即氏族或亲属群体。

餐前念诵谢恩祈祷所体现的便是爱筵的感觉。例如,基督教的谢恩祈祷的一种方式是:"我的主啊,求你赐福给我们,并祝福这些借着我主基督得来的丰富赏赐。阿门!"这是对上帝的感恩,也是祈祷家庭和食物都能得到保佑。

《梨俱吠陀》(Rig-Veda)[1]中有一句话强调了传递食物的重要性:"没有远见的人浪费食物……独自吃饭的人会给自己带来麻烦。"《薄伽梵歌》(Bhagavad Gita)[2]使分配食物成为祭祀仪式的一个基本要素:"违反传统习俗的祭祀,没有分配食物,缺少权力的话语,没有礼物,缺乏信仰,都可以说是邪恶的。"

分享食物,将食物赠予他人,是在人类世界中传播神圣本质

---

1. 印度教《吠陀》中最古老和最重要的一部经书。
2. 古代印度的吠檀多哲学诗,印度教的最高圣典,字面意思是"主之歌"或"神之歌"。

的一种方式。《薄伽梵歌》表明食者和食物之间的紧密关系，因为它同时观察人和食物，将其作为一个需要祭祀才能与神发生联系的循环的一部分。"生灵来自食物；食物源自雨水；雨水循祭祀而来；祭祀由行动而起。"

在实践层面上，分享也是维系家庭或群体间信赖的一种方式。如果所有人都分享，艰难的时光就会在很大程度上变得容易承受，匮乏也就不会太难以容忍，而人们更有可能幸存。吃独食会使人产生罪恶感，因为它有悖于构成社会基础的信任和爱筵。

主祷文包含着对上帝每天为信徒提供面包的赞美。"面包"象征着对身体和精神的滋养，它也是金钱的俗称，和"生面团"（dough）这个词一样。但面包和生面团都是食物，而金钱既不是食物也不是丰收。金钱的起源在于丰收仪式，而我们对金钱的野心却远远大于食物。

金钱、陌生人和爱筵

《伊索寓言》中有个故事讲述了一个缺少家庭关爱的陌生人，如何被金钱带入一个家庭之中。在"一个女人和她的两个女儿"故事里，女人其中的一个女儿死了，并且葬礼也安排好了，还雇来了哀悼者。女人另外的那个女儿吃惊地看到陌生人为她姐姐的死而悲痛地哭泣呼号，可她自己的亲属却表现得没有那么悲伤。女儿问母亲这是怎么回事。母亲回答说，亲属从来都不会从悲痛中得到好处，但陌生人可以靠它赚钱。因此，金钱可以创造感情的某种外在表现,但不能创造其内在的真实。

有个犹太民间故事也讲述了金钱何以扭曲我们对世界的看法。从前有一个非常富有的吝啬鬼来到他的拉比家中,请求拉比的祝福。拉比让这个吝啬鬼站在一扇窗户前面,看着街上的行人。拉比问吝啬鬼看到了什么,对方回答:"人。"然后拉比把一面镜子放到他的面前,再次问他看到了什么。吝啬鬼回答:"我自己。"于是拉比解释说,窗户和镜子都是由玻璃制成的,但是镜子有一层银质的表面。玻璃本身让我们看到别人,但是覆上一层银质的玻璃就让我们无视别人,只看到自己。

金钱的危害在于,它蒙蔽了我们的双眼,让我们看不到他人。这说明,与食物相比,金钱扮演的角色是多么不同。爱筵将家庭和亲属群体聚在一起,他们准确无误地分享来自大自然馈赠的食物。与陌生人打交道需要金钱,而实际上,金钱会鼓励我们将他人视为陌生人。

随着社会变得更加复杂,不得不应付陌生人的概率增加了。在一个社会内部,更多的人口和专业化的工作意味着,无论一个家族群体有多大,依然有必要和外人发生关系。此外,这种复杂的社会发展出知识和资源,可以将探险者、商人和军队派往新的土地,而那里的居民当然属于陌生人。基于血缘关系或地理距离,一个人在什么情况下被视作陌生人,可能存在很大的差别。但是一个家庭的爱筵在某种程度上排除了其他人,即排除了陌生人。

祭祀和家庭内部的给予将给予者和祖先与重生的灵魂世界联系起来,而与陌生人之间的交流则不会带来这样的重生。易货和贸易是陌生人彼此进行交易的方式;当陌生人相遇时,神圣的流通便成了市场上的商品交换。最终，金钱会以很多形态对这些商品的流通发挥促进作用。

很多学者推测，在陌生人之间发生关系的过程里，宗教朝圣不仅是一种更为重要的途径，而且成为创造金钱的动力。远离家庭的朝圣者必须获得食物和其他必需品，既是为了生存，也是必需的祭品。因此，商人得到了鼓励，在寺庙旁边落脚，而朝圣者会带来各种形式的财富。在与寺庙的神圣联系保护之下，集市便以交换为目的发展起来。事实上，"弥撒"这个词在德语中对应的单词是"Messe"，它的意思就是集市。

德尔斐的寺庙怎么会铸造钱币

在古代西方世界，朝圣者的目标之一是访问希腊德尔斐著名的神谕宣示所。早在公元前 1400 年，大地女神、众神之母盖亚的一处圣所就存在于这个多山的地点。此处有天然的泉水，能观赏到基尔菲斯山和延伸到科林斯湾的普雷斯托斯峡谷的全景。在神话中，守卫预言泉的母蛇被阿波罗杀死，如此一来，一个男神就取代了盖亚。从公元前 8 世纪开始，阿波罗作为赐予文化的智慧、艺术和预言之神，就在这里受到崇拜。

人们从世界各地前往德尔斐神谕宣示所请示众神的信息。交了钱并献上动物后，恳求者被带进寺庙内部的圣地。隔着一道帘子，女祭司坐在一个尊贵的三角凳上，呼吸着从岩石上升腾起来的令人陶醉的烟气。恳求者能够听见她高深莫测的话语和大声的喊叫。男祭司以简短的诗文解释这些言语。

今天人们再去参观德尔斐，看到寺庙的废墟旁边就是金库的废墟，令人十分惊奇。科林斯的第一座金库建于公元前6世纪初，最强大的那些城邦国家纷纷效仿，直到沿着圣所经过阿波罗神庙的神圣之路建起了20座金库。"金库"（treasury）这个词与"thesaurus"来自相同的词根，后者的意思是东西聚拢在一起，存放在一处。除了捐助支持阿波罗神庙之外，这些城邦国家也将其财富奉献给它们的金库。这些优雅的大理石建筑装满了黄金、白银和艺术品等代表着巨大财富的贡品。如果有需要，尤其是在发生战争的时候，城邦国家可以利用这些金库作为借款的担保。实际上，很多像神庙一样的银行建筑就是在致敬这种古老而神圣的金库。

德尔斐在公元前5世纪发行了它的第一款银币，拥有铸造贵金属硬币权力的神庙，通过将它的一部分白银以金属货币的形式投入流通，便利了贸易。通过这个办法，作为神圣的珍宝奉献的财富被转移到贸易的世界当中。

很多最早的希腊硬币都明显带有起源于神庙的迹象。众神及其象征、神话中的野兽和故事，还有祭祀的物品，都是最经常被选来印在硬币上的图案。奥林匹亚诸神的半身像，如宙斯、波塞冬、雅典娜和阿波罗，他们为这些新近发明的金钱赋予了可信度。我们看到了宙斯的雷电，波塞冬的三叉戟，雅典娜的猫头鹰和阿波罗的里拉琴。狮鹫格里芬、狮身女妖斯芬克斯和飞马珀伽索斯都展露出他们的奇异形态，并将精神世界与硬币范畴联系在一起。大麦、金枪鱼、三足鼎（最早被用来盛放神圣的贡品，后来它们本身也被用作了贡品），以及双头斧都是描绘在硬币上的祭祀用的贡品。

当然，相比于伴随史前人类一同起源的丰收仪式和贡品，即便是最早的硬币也属于一种新近的，实际上是现代的发展成果。就像食物和其他贡品最终离开了与神有关的领域而被用来与陌生人交易，硬币也离开了庙宇而服务于贸易。尽管对于是否每一种早期希腊硬币都起源于宗教，在学者之间还存在争议，但是大部分硬币显然如此。这些早期硬币值得纪念，不仅是因为它们的宗教类型，也是因为它们上面的诸多精美形象。就像掌管河流与溪水的女神阿瑞托萨，蛇头女神美杜莎，以及得墨忒耳的女儿、冥界女神珀耳塞福涅的半身像，对于创造了这些硬币的艺术家在美学上取得的成功，这仅是其中的几个例证。

这些硬币中最重要的一种，于公元前525年在雅典人的神庙中开始铸造。这种四德拉克马的银币，一面是雅典娜的头像，另一面是她的猫头鹰。雅典的卓越地位使这种硬币轻而易举就得到广泛的接受，促进了地中海世界及其以外的贸易。在四德拉克马银币上，雅典娜特有的头盔象征着她作为雅典的自由保护神的角色。美国的很多硬币使用的自由女神的头像或立像，都借鉴了守卫雅典的雅典娜的形象。而且，雅典娜·美杜莎也是一位丰收女神。

如今，美国为政教分离的问题而担忧，而古代的希腊人却没有这种担心，神圣和世俗两种权威在城邦国家里协调运转。尽管古希腊的硬币是在神庙里铸造的，对铸币的控制，要么一开始便由城邦国家的统治者掌握，要么就是很快转移到他们的手中。无论如何，几个世纪过去之后，一个凡人的面孔取代了硬币上的男神或女神。亚历山大大帝作为硬币上的第一个人物肖像，大约出现在公元前300年，即在亚历山大去世以后的第23年。亚历山大宣布自己是现世的神，但是直到死后他才被正式封神。硬币上使用他的形象反映了这一神化的过程，为现世统治者开启了在硬币上为自己制造类神肖像的先例。

为什么美国的货币上印着"我们信仰上帝"

在这一背景之下，美国的硬币和纸钞从很多方面反映了金钱的神圣起源。美国的开国元勋倾向于在合众国的钱币上采用简单的自由女神半身像。今天，所有硬币和纸钞上的"我们信仰上帝"这句箴言，美国人接受起来几乎没有什么问题。我们不会考虑这句话为什么会出现在美国的钱币上，也不会意识到它的第一次使用是在1864年的内战创痛之中。

1861年11月13日，来自美国宾夕法尼亚雷德利维尔的一位牧师沃特金森致信美国财政部部长萨蒙·蔡斯。他写道：

有一件涉及我们货币的事情，迄今为止一直受到严重的忽视。我的意思是，要以某种方式在我们的硬币上对全能的上帝表达赞美。

您很可能是一位基督徒。假如我们的合众国现在遭到无法挽回的破坏，几个世纪之后，那些研究古董的人会不会根据我们的过去而合理地推断出，我们是一个异教徒的国家。我的建议是，我们接下来应当在13颗星的内部放置一枚刻有"永久联合"字样的圆环，取代自由女神；在这个圆环里面，是一只带有光环的全知之眼；在这只眼睛下方是美国国旗，旗帜上有多少个五角星要根据达成联合的各州的数目；在飘带的褶皱处写有"上帝、自由、法律"。

蔡斯部长通知铸币局的总监："离开了上帝的力量，没有哪个国家可以强大，失去了他的保护，也没有哪个国家能够安全。我们的人民对上帝的信仰应当宣示在我国的硬币上。"各种不同的箴言，"我们的国家，我们的上帝""上帝，我们的信仰""我们的上帝和我们的国家"，归结成最后所采纳的"我们信仰上帝"，它最先出现在1864年新造的两美分硬币上。

在随后的铸币法案允许之下，其他各种硬币上也开始使用"我们信仰上帝"。1907年，罗斯福总统[1]委托奥古斯塔斯·圣高登斯设计了10美元的"美丽鹰"和20美元的"双鹰"，这两种金币上并没有这句话，公众以强烈的反对抗议这种"罗斯福的无神论硬币"。1908年，国会通过了一项法令，要求合众国的全部硬币都要带有"我们信仰上帝"这句话。

讽刺的是，罗斯福几乎完全不是出于无神论的动机去掉这句话，相反，他觉得在这句箴言中提及上帝是一种亵渎。而曾经建议使用的无关信仰的箴言"上帝、自由、法律"变成了"我们信仰上帝"，这是很有意思的。财政部部长添加了信仰的概念。当政府实际上希望我们相信这些货币和发行它们的政府的时候，却似乎是在要求我们相信上帝。这或许就能解释罗斯福的感觉。在

---

1. 指美国第26任总统西奥多·罗斯福，即俗称的老罗斯福总统。

第二章　全能的美元：为何如此轻易崇拜金钱

这种表达方式第一次出现的时候，这些货币也并不值得信任，因为支撑内战的是债务和通货膨胀，而不是税收。无论如何，艾森豪威尔总统在1955年签署法令，将这句箴言的使用扩大到纸钞上。从1957年开始，"我们信仰上帝"便同时出现在钞票和硬币上。

全知之眼并没有像N. R. 沃特金森希望的那样出现在美国的硬币上，但是我们全都熟悉出现在今天的美元上的它。1782年采用的美国国徽，它的正反两面都被描绘在一美元纸币的背面。国徽的反面显示的是一座未完工的金字塔，顶上飘浮着一个三角形，里面包含着全知之眼——上帝的眼睛，被装在代表着基督教三位一体的三角形里。它出现在国徽上，代表了美国开国元勋的愿望——由上帝监督他们开始建设这座未完成的金字塔（国家）。他们为未来寻求的不仅是上帝的庇护，还有上帝对他们所付出努力的支持，这种努力在拉丁语"annuit coeptis"中得到了明确的表述，它的意思是"他（上帝）赞成我们的事业"。

至少是在潜意识中，美国纸币的颜色和装饰图案也唤起了与丰收循环的联想。钱的背面是绿色的，其装饰图案是无尽的植被。这让我想起一位画家，他说起自己在看到1 000瑞士法郎钞票背面的死神[1]图案时的震惊。他很难将金钱与死神联系在一起，一个代表死亡的形象，像对待田地里的庄稼一样用镰刀将人类收割。尽管这令他不安，但他又发现这很令人信服。为了给自己一种财务上的安全感，他很长时间都没有花掉那张钞票。其面值在当时大约是500美元，无法解释这个把金钱与生命循环联系起来

---

1. 又称"狰狞的收割者"，即骷髅状的死神，身披斗篷，手持长柄大镰刀。

的形象，为什么在他身上产生了如此强烈的共鸣。

20世纪90年代，在瑞士政府为设计其新货币发起的一场竞赛中，获奖作品以大胆多彩的当代设计描绘了瑞士著名艺术家的照片。这种新钞的理念激怒了公众。批评者谴责这些设计令人感到恐怖和厌恶，就像戏票一样，暗示着国家的衰落。不过，艺术家的照片怎么会比死神更令人恐怖或厌恶呢？还是死神通过某种悖论，向我们讲述了生与死的古老循环，一个以死亡的形象预示着丰收和繁荣的循环？无论如何，这种强烈抗议表明，不仅某种神圣的礼仪感已经被触动，而且直到今天，货币都还没有完成现代化。

美元的诞生

"美元"这个词本身所有的奇特历史都与一个牧羊人的名字联系在一起——约阿希姆，即后来的圣约阿希姆（St. Joachim）。按照《圣经》的传说，圣约阿希姆是圣玛丽的父亲，即耶稣的外祖父。

16世纪的贸易扩张导致越来越需要有一套国际普遍接受的货币。在今天的捷克共和国境内，有一条富含银矿的山谷，名叫约阿希姆斯塔尔，意思就是"约阿希姆的山谷"。1518年，用来自约阿希姆斯塔尔银矿的原料铸造的第一批硬币开始流通。这些硬币很快就在国际上风行起来，并且因为它们的起源地而得名"约阿希姆斯塔尔币"。很快，这个名字被简化为更上口的"塔尔币"。在超过 300 年的时间里，塔尔币及其仿制品，包括英格兰的克朗，法兰西的埃居，俄罗斯的卢布和西班牙的比索，都成为国际贸易的计价标准。

在英语国家里，塔尔币演化为一个更容易说的词——"元"。最早是莎士比亚在他的《麦克白》中首次提到这个词。剧中一个人物讲起，有一位挪威国王不得不支付"10 万元"。在托马斯·杰斐逊的 1782 年计划中，以"元"作为合众国的货币单位。他在其中写道："'dollar'是一种知名的硬币，是人们心目中最熟知的一种。它已经被南北各地广泛接受。"杰斐逊所指的"dollar"实际上是西班牙比索（或称八里亚尔币比索）。比索一直是美国的法定货币，直到 1857 年，当时被兑换掉的比索超过了 200 万个。

美元的符号

如果说美元这个词可以追溯到圣约阿希姆，那么美元的符号可能也与宗教有着同样令人惊奇的联系。美元符号的起源已经成为钱币专家争论的一个话题。流行的观点认为，美元的标志是从美国的简称中"U"和"S"的写法演变而来。不过，既然美元及其符号是先于美国而存在的，上述观点就一定是不正确的。

另一种理论是，美元标志是从比索符号的复数形式演变而来的。该理论假定，代表比索的"P"和代表复数的"S"，在 18 世纪末逐渐重叠在一起。然而，为这种演变提供的图形证据并不具备充分的说服力。

最耐人寻味的解释可以追溯到塔尔币本身的根源。16世纪，查理五世统治的不仅是德国，还包括西班牙及其美洲属地。在塔尔币的背面，他放置了两根柱子，以显示他与西班牙的联系，并用涡卷形的花纹盘绕在柱子上。以探险闻名的古代腓尼基人，在今天的加的斯附近为赫拉克勒斯建起一座神庙的时候，他们在直布罗陀建造了这样的立柱。这些柱子是从现代黎巴嫩境内的一种名为提尔的古代硬币演变而来的，后者描绘的是所罗门神庙的柱子。所罗门的柱子有两个名字："Jachin"，意思是"他要建立"；"Boaz"，意思是"其中有力量"。在提尔硬币显示的所罗门立柱上，查理五世添加了涡卷，于是便构成了美元的标志。如果这一理论是正确的，那么美元符号中的一竖就是一根柱子，其含义类似于国徽和美元钞票背面所表达的："他（上帝）赞成我们的事业。"

从对金钱的崇拜中，我们能学到什么

我们被教导要用实际的眼光看待金钱。我们能负担得起一辆车或某家高档餐厅的一顿饭吗？我们能冒险开办一家小企业或进行投资吗？我们的预算平衡了吗？还是我们必须削减开支，或者更努力地工作去赚更多的钱呢？我们是否面临破产或无家可归的风险？我们的希望和恐惧总是围绕着我们拥有的是否足够或太少。

但墨涅塔并不仅仅是在谈论日常生活；她不仅是我们有意识

的生活的一个形象——那种我们意识到自己所过的生活的形象，也是我们拼命要记住的一个梦中的智慧女性。如果我们醒来时她的话还与我们在一起，那么我们就会知道，金钱告诉我们的循环远远大于我们自己的生命周期。这些出生、死亡和重生的循环对农田里的庄稼和对农民、猎人，甚至都市里的人们都是同样的真实。

墨涅塔的话暗示我们可以从那些令大自然多产的奥秘中学习。她让我们想起了爱筵，人们在其中感激地分享大自然给予人类的馈赠。我们可以从中再次醒悟到对群体和分享的渴望。最终，无论是在"我们信仰上帝"这样的口号中，还是通过被遗忘的金钱在宗教仪式中的起源，墨涅塔都唤起了曾经将我们与更高境界相关联的能量，这种能量关乎存在于世界和存在于我们自身当中的至高无上的东西。

了解金钱的起源可以让我们对自己崇拜金钱的欲望更加宽容。正如我们将要看到的那样，对金钱的爱慕可能会产生毁灭性的后果，但这些后果源自迷失了方向的能量，而这些能量如果经由不同的渠道，本可以很好地服务于我们。葛吉夫[1]说过：要控制一个恶魔的能量来做天使的工作。如果我们能记住墨涅塔的话，并将她的智慧融入我们的日常生活，也许我们就能再次获得这些能量，并将其重新导向更适当的方向。

不过，我们的追求中也有可怕的一面。死神是现实存在的，大自然的丰饶总是从死亡中流出，形成永不停歇的循环。这是墨

---

1. 指乔治·伊万诺维奇·葛吉夫（George Ivanovich Gurdjieff, 1886—1949），20世纪最著名的一位心灵导师。

涅塔，或者其他丰收女神的另外一副面孔。为了记住墨涅塔的梦中所言，我们将不得不忍受一段穿越阴曹地府的旅行，那里是死神的疆域。在这段旅程中，我们可以在自己的天性中发现丰富与多产，这正是萨满和祭司通过祭祀他们的神所寻求的。

第三章

金钱与祭祀：
当金钱比生命更重要时

第三章 金钱与祭祀：当金钱比生命更重要时

今天，虽然金钱与古代丰收仪式之间的联系已经迷失在我们的意识当中，但是这种联系所蕴含的意义却每时每刻都存在着，那就是，金钱的问题会让我们觉得自己的生活危在旦夕。我们所有人几乎都曾经与金钱的匮乏展开搏斗，发现自己正在面对无法抵抗的恐惧。当感到绝望并认为未来只是徒劳时，我们的自我价值感便消失殆尽。这种感觉可能并不是一种针对真实的饥饿、无家可归或被忽略的伤害的反应，而是对有关金钱的观念的一种反应，这些观念来自我们的潜意识，超越了我们思考和了解现实的能力。

尽管金钱的力量可以满足我们的物质需求，让我们获得地位与权势，并挣脱很多束缚，却并不能解释它何以让我们感觉自己的生活悬而未决。如我们在本章开篇将要看到的故事，

D. H. 劳伦斯[1]的《木马赢家》(*The Rocking Horse Winner*)，还有米达斯国王的传说。对于金钱如何激发曾将我们与更高境界相关联的能量，这些故事都提出了深刻的见解。如果这种能量受到错误的引导，我们就有可能失去内心的丰富，以及失去与家庭和群体的联系。也许我们能获得财富，但付出的代价将是所有那些为生命赋予价值的东西，在某些情况下，甚至是生命本身。

为了理解何以如此，本章将会探索古代丰收仪式中令人震惊的一面：活人献祭。以我们的时间和精力换取金钱，如果把这看作以某种形式重现了古代的活人献祭仪式，那么我们就有可能脱离对金钱的一种可怕的眷恋，并且有能力追寻它所象征的更深刻的意义。

当为了金钱而牺牲生命

在《木马赢家》这个短篇故事中，D. H. 劳伦斯对热爱金钱所造成的损害进行了深入的观察。一个名叫保罗的男孩知道他的母亲并不爱他，也不爱任何人，即便她看起来像一个慈爱的母亲。虽然这家人住在一栋漂亮的房子里，并且拥有仆人，父母却都有着他们负担不起的昂贵品位。不久，保罗和他的姐妹们听到窃窃的私语"一定会有更多的钱！一定会有更多的钱！"原来是

---

1. 即戴维·赫伯特·劳伦斯（David Herbert Lawrence，1885—1930），英国著名小说家，最著名的作品是《查德莱夫人的情人》。

第三章 金钱与祭祀：当金钱比生命更重要时

房子在对他们说话。

保罗的母亲告诉他，他的父亲运气不好，保罗把"运气"和"不义之财"混淆了，因为他叔叔奥斯卡曾说过"肮脏的不义之财"。当母亲强调说是运气，不是不义之财时，保罗告诉她说自己会有好运。母亲不相信他，保罗坚持说："上帝告诉我了。"

这家的园丁巴西特经常赌马。保罗长大了，可以骑他的木马了。但是他发现，每当骑在木马上疯狂地摇摆时，不知怎么回事，他就能知道将在比赛中获胜的那匹马的名字。保罗和巴西特结成拍档一起赌马，并积攒下 5 000 英镑。保罗希望房子里总是嘟囔钱的那个声音消失，他设法通过奥斯卡叔叔，每年交给他母亲 1 000 英镑，连续五年，假装是一个不知名的亲戚送的礼物。

保罗非常希望这笔钱能让房子里的声音沉默。但结果是，母亲收到这笔钱的时候没有显现出一丝的喜悦，而是去找那位作为中间人的律师，询问可否将全部金额提前都给她。为了让她安静下来，保罗（通过他的叔叔）同意了。但是那个声音更大了，更急着要钱，"比以前还要多！"

保罗知道母亲并不爱他。他努力弄到这些钱的首要目的不是获得她的爱，而是让房子里的说话声安静下来，以平息她的贪得无厌。一个孩子为了满足自己的需求去拯救父母，这样的努力注定失败，尤其是当父母已经贪婪成性无法满足的时候。保罗不能改变母亲的天性，他那超出常人的努力只是满足了她越来越多的欲望。

劳伦斯以几种方式表明，被痴心妄想紧紧攥住的保罗，正在与神的能量联系起来。保罗不仅说他知道自己很幸运，因为是"上帝告诉我的"，而且巴西特在告诉奥斯卡叔叔保罗有能力说出赢家的名字时，看起来"仿佛他在谈论宗教问题"。后来，巴西特对奥斯卡叔叔说，"这就像他从老天爷那里知道的，"奥斯卡叔叔回答说，"我想是这样的！"这种神的能量使保罗超越了正常人的状态。他拥有了特异功能——"psychic"这个词从灵魂或精神女神"普绪喀"（Psyche）演化而来，他可以知道普通人不可能知道的事情。

一旦跨过了我们的物质世界与更高境界之间的界限，我们便将自己暴露在严重的危险之中。萨满和祭司举行仪式，为的是提供一种形式，一个容器，允许与这些更高的能量发生可以给人带来变化的遭遇，并安全返回。对金钱的盲目追求，即使是出于最好的动机，也会触及那些能够轻易摧毁我们的能量。保罗给予他自己最宝贵和最强大的东西，但在他的旅途中却没有向导为他提供帮助。即便巴西特和奥斯卡叔叔，他们本身已经算是好人，也利用了保罗收集到的神秘信息，成为他的同谋。

最后，保罗以超人之力骑着他的木马，又喊出了一个获胜者的名字。然后他就垮掉了，患上了脑膜炎并失去知觉。他恢复知觉以后得知，自己为母亲赢了8万英镑。但是，他为此牺牲的是自己的生命。很快，他就因脑膜炎去世。

《木马赢家》和著名的米达斯国王与点金术的故事有许多相似之处。尽管各个版本中的细节不同，但能肯定米达斯是个黄金爱好者。在纳撒尼尔·霍桑[1]对此传说的复述中，米达斯既热衷于金子，也喜爱他的女儿玛丽戈尔德。不幸的是，米达斯将这两种爱纠缠在一起，向往着把世上曾有过的最大一堆金子留给他的女

---

1. 纳撒尼尔·霍桑（Nathaniel Hawthorne，1804—1864），19世纪美国伟大的浪漫主义小说家，心理分析小说的开创者，是美国文学史上首位写作短篇小说的作家，其最著名的作品包括《红字》等。

第三章　金钱与祭祀：当金钱比生命更重要时

儿。米达斯失去了他对花朵和音乐的热爱，除了金子做的花朵和硬币相碰的叮当声。他的大部分时间都消磨在"比地牢好不了多少的"，可怜的地下金库里，他在那里把玩着自己的金子，低声对自己呢喃着他的幸福。

一天，有个帅气的陌生人出现在金库里。米达斯确定自己已经锁好了门，所以认为这个容光焕发的年轻人肯定是一位神仙，不过故事里并未提起这个来访者的名字。神很快就了解到，米达斯并不满足，而是想要拥有比世界上任何人都多的金子。神问米达斯，什么才能使他高兴起来呢？米达斯想象不出多大一堆金子才够，但是最后他发现神的触碰能把每样东西都变成金子。神问米达斯，有没有什么事情让他对拥有点金术感到遗憾，米达斯说点金术会让他"非常幸福"，神对米达斯说，第二天早上，你就能真的拥有这种能力。神变得越来越亮，最后像一束太阳光似的消失了。

我们都知道米达斯那贪婪的喜悦消失的是多么快，他发现自己再也不能吃喝，因为食物会在他的嘴里变成金子。更糟糕的是，他一边亲吻女儿一边心里想着她比点金术还要珍贵一千倍，结果却把她变成了金子。米达斯以前总喜欢说女儿的价值相当于和她等重的金子，现在竟然真的变成这样了。痛苦不堪的米达斯猛然发现神再一次出现在他面前。在神的追问下，米达斯的回答是，一杯水、一片面包，当然还有他的女儿玛丽戈尔德的价值都远远超过点金术。

"你比从前聪明了，米达斯国王！"神说完这句之后又补充道，米达斯好像"依然有能力理解最普通的事情，例如，那些凡人为之慨叹和奋力追逐的财富，其实就在每个人的掌控之中"。

神告诉米达斯去河里把自己洗一洗，并把水浇在所有被他变成金子的东西上。如果他运气好的话，每件东西，包括玛丽戈尔德都可以恢复原来的样子。他的确幸运，在故事的结尾，很多年以后，米达斯一边逗弄着膝头的孙辈，一边给他们讲着，自己是多么痛恨看见金子，唯一的例外是他女儿的一头金发。

《木马赢家》中，保罗的母亲和米达斯国王有很多共同之处。她对金钱贪得无厌，米达斯对金子没有餍足。她通过自己儿子的特异功能获得了点金之术，而米达斯是直接从神那里得到这份礼物。她没有办法救她儿子一命，米达斯也无力拯救变成金子的女儿。她内心中的饥饿感是因为她永远得不到满足，而当点金术使米达斯丧失了饮食和触摸这些人类的正常乐趣时，他心中类似的饥饿感则开始向外部投射。

然而，两个故事从这里开始分道扬镳了。保罗的母亲没有爱；她没有发自内心地与儿子和家人联系在一起。米达斯虽然愚蠢且固执地要求那些给他带来痛苦而非幸福的东西，但他的确爱自己的女儿。从这份爱中，他能够获得智慧，明白他的爱远比获得金子更重要。他也可以非常清楚地看到自己的渴望，并认识到，对他来说，黄金已经成为剥夺生命的东西。他在内心变得更加富有，拥有了更多的爱与智慧，因为他从自己的经历中吸取了教训，并且也克服了自己对黄金的痴迷。

用活人向众神献祭

拜访米达斯的这个黄金之神是谁呢？为什么他会怀着对一个

凡人的如此善意到那个金库去呢？还有，满足了米达斯的一个愿望之后，他为什么还要继续干预，并拯救这个愚蠢的国王，不让他陷入盼望点金术的蠢行中呢？

米达斯国王与其说是一个历史人物，倒更有可能是神话中的一个形象，相传他在公元前 7 世纪统治着位于今土耳其西部的弗里吉亚王国。为了表示他的虔诚，据说他将自己的金质王冠作为贡品送到了德尔斐的圣所。米达斯生活的年代比克罗伊斯国王要早几代人的时间，我们已经确知后者的财富在历史上是真实存在的。米达斯的故事最早来自希腊人，与许许多多的希腊神话一样，由罗马诗人奥维德在《变形记》(*Metamorphoses*) 中予以复述。按照奥维德讲述的故事，米达斯根本没有女儿，而他获得点金术只是很多有关黄金之神的故事中的一节，但霍桑并没有提到黄金之神这个名字。

在奥维德的记载中，这个神的名字是狄俄尼索斯，是主管葡萄和酒的神。狄俄尼索斯，或者是罗马人所称呼的，巴古科斯，有许多酗酒的崇拜者，他们当中，有一个老萨梯[1]名叫塞列努斯，喝了足足有半吨的酒。他中了农民的圈套，被带到他们的国王——正是米达斯国王面前！米达斯知道塞列努斯喜欢喝酒，已经和他一起喝醉过很多次。于是，米达斯用一场持续十个昼夜的纵酒狂欢来招待这位老友。然后米达斯把塞列努斯送回家交给狄俄尼索斯。这位神因此感到很高兴，要送给米达斯一个好处，实现他所有的愿望。奥维德关于米达斯故事的余下部分与霍桑的类似，所以我们放下米达斯不表，主要来关注狄俄尼索斯这位慷慨

---

1. 指古代神话中半人半羊的神。

的神。

作为宙斯与一个凡人女子的儿子，狄俄尼索斯受到精神错乱的折磨。他在各个王国之间四处漫游，从埃及到叙利亚，再到弗里吉亚，为每个地方带去如何种植葡萄和酿酒的知识。在弗里吉亚，狄俄尼索斯加入了狂热崇拜西布莉女神的神秘宗教仪式当中。这位女神代表了丰收女神的诸多可怕侧面。作为农作物、动物和人类后代的母亲，丰收女神被赋予了巨大的力量。生命和死亡的循环是属于西布莉或邻近土地上非常相似的母亲女神的疆界。

作为生与死的掌管者，女神本人也必须献祭。对于西布莉来说，这个祭品就是她所挚爱的，甚至哺育过的年轻牧羊人阿提斯。阿提斯被一头野猪杀死，或者按照某些神话的版本，他阉割了自己，并在那棵对西布莉来说的神圣松树下流血至死。阿提斯死后变成了一棵松树，因而找到了新的生命。

阿提斯的死使土地能够恢复，新作物得以生长。每年三月份春分前后举行的一个盛大节日都会重现这一死亡。在第三天，也就是"流血之日"（Day of Blood），高级祭司从自己的臂弯里抽出血来，作为祭品献上。随着铙钹、鼓、号角和长笛奏出狂野的音乐，崇拜者陶醉地舞蹈，把自己割伤，让鲜血在祭坛上流淌。在这种疯狂的状态下，一些崇拜者脱掉长袍，将自己阉割，把生殖器扔到西布莉的雕像上，作为终极的祭品。

这些可怕的自残是出于什么目的呢？显然，他们觉得男性生殖器的力量通过被献祭而发生改变。既然再也不能让凡人女子受孕，这些生殖器就可以为了让大地本身怀孕而被埋葬。因此，与献祭的人血一样，被切断的生殖器也可以用来将巨大的生命之轮

第三章 金钱与祭祀：当金钱比生命更重要时

从死亡的季节转动到出生的季节。

从这个描述中，我们可以很容易地理解为什么西布莉会受到阉人祭司的服侍。西布莉不得不牺牲她最心爱的阿提斯，以履行其肥沃大地的职责。同样，她的崇拜者有时也会以他们最珍惜的东西献祭，他们的男子汉气概，他们的生育能力，以增强她带来丰收的能力。事实上，阿提斯之死强烈地暗示着活人献祭成为这类丰收仪式的一部分。不仅是生殖器的力量，还有生命本身的力量都将在宗教仪式中奉献给女神。

米达斯国王的恩人狄俄尼索斯从西布莉的疯狂仪式中获益匪浅。随着对狄俄尼索斯的狂热传播开来，他的崇拜者也会渴望一种神圣的陶醉（经常是通过饮酒的方式）。在这种疯狂的状态下，这些人可能会把所爱的人视作野兽，并将他们撕成碎片。他的崇拜者往往是成群的女性，被称为"狂暴的女人"，而她们的受害者则是男性（譬如欧里庇得斯[1]的《酒神》中的人物彭忒斯），这暗示着一个暴力时刻的重现，这位丰收女神通过献祭将生命从死亡中拯救出来。

根据我们对许多丰收女神（和男神）的了解，在阿提斯之死中，活人献祭的含义是很明确的。《旧约》（The Old Testament）中多次提到为了结束活人献祭而进行的长期斗争，通常被描述为耶和华和异教徒神灵之间对抗的一部分。《旧约》中的亚哈王"不行耶和华眼中看为正的事，但是……又铸造巴力的像；并且……用火焚烧他的儿女，行耶和华在以色列人面前所驱逐的外邦人那可憎的事，……献祭……"巴力是腓尼基人的神，他掌管雨水，

---

[1]. 欧里庇得斯（Euripides，公元前480—前406），古希腊著名的三大悲剧大师之一。

并进而掌管大地的丰收。人们经常用牛犊或公牛，以及活人祭品祈求他让土地肥沃。亚哈王、武士耶弗他[1]，或许还有先知以利亚，都用活人献祭来建立一种与神之间的联系。

古代腓尼基人在地中海地区的很多地方建立了殖民地。随着他们的探险，对巴力及类似神灵的崇拜扩散开来。在腓尼基人建立的迦太基，不计其数的儿童被献作祭品。铃鼓和笛子的声音淹没了受害者的惨叫，祭拜者随着音乐起舞，那些孩子与一个小牛头一起被放进青铜神像的手中。他们从那里无遮无拦地滑进火焰熊熊的炉子里。考古学家发现的那些大瓮中，装着两万多具幼儿遗骸，都是祭祀活动中的牺牲品。

牵涉到活人献祭的宗教仪式出现在世界各地许多毫无相关的文化中。因此，活人献祭的做法肯定不只局限于《旧约》所述的部落和时代。当尤里乌斯·恺撒征服高卢的时候，他记下了凯尔特人的丰收祭祀。在每五年举行一次的盛大节日上，被宣判了死刑的罪犯会由德鲁伊/祭司献祭。凯尔特人相信，献祭的活人越多，土地便越肥沃。

没有哪一种文化比阿兹特克人的文化更加重视活人献祭。在阿兹特克神话中，众神将自己作为祭品来供养"第五个太阳"（Fifth Sun）。因此，阿兹特克人相信他们的活人献祭习俗来自众神，他们的宇宙持续存在依赖于这种祭祀。鲜血将太阳留在天空；而无数种杀戮的方式让阿兹特克人推迟了那可怕的一天，到时候太阳将停止在天空中的移动。

首选的祭品是活人的心脏，因为心脏对阿兹特克人来说是生

---

1. 圣经中的人物。他为了争战而焦虑，毫不犹豫地许愿，以致他必须牺牲女儿。

命的象征。他们相信，心脏中盛满重要的液体能使之移动，而通过献祭，就可以让太阳保持移动，每天都能升上天空。所以，祭司常常从受害者体内取出还在搏动的心脏，把它高举起来供奉给太阳。把心脏撕扯出来的这个过程还象征着剥去谷物的外皮；把心脏高举向天就能帮助新的谷物长得更高。

阿兹特克人将一系列反复应用的作战方式形成制度，以祭祀为目的抓捕俘虏。尽管16世纪的西班牙殖民者对祭祀屠杀规模的估算是不可靠的，但这种祭祀显然是广泛和系统化的。因此，一个生了孩子的母亲被说成"制造了一个俘虏"。关于阿兹特克的太阳和谷物之神希佩，有一首歌讲述了他转变为战争之神维齐洛波奇特利。因此，作为祭品的俘虏之血滋养了谷物的生长。

一些作为祭品的受害者实际上被用来扮演男神或女神的角色，通过这种做法，那些受害者被赋予了代表男神或女神的神圣职责。举例来说，每年9月份都有一个庆祝玉米女神奇克麦克胡特尔的节日。经过七天的严格斋戒后，一个十二三岁的漂亮女奴，穿上女神的长袍，脖子上挂着玉米穗，头上插着一根绿色的羽毛。这根羽毛象征着成熟的玉米，在节日期间，玉米几乎马上便成熟可以收获了。

一系列的仪式，或许还包括一个女孩嫁给战神维齐洛波奇特利的婚礼，之后，每个人都要来到女孩面前，蹲下（相当于跪下），向她奉上一杯从他们的耳朵上流出的血，作为七天斋戒中的苦修。当天傍晚，祭司会把这个女孩献祭，让她的血浸在堆满玉米、蔬菜和每一样种子的祭坛上。队伍离开神庙后，这个祭司便在前面起舞，表演女神的复活。

如果说丰收仪式中这些活人献祭的范例早已从我们的当代生

活中剔除，我们可能应当考虑一下，今天有多少人会为了金钱而杀人。听听新闻给我们带来的数不尽的各种活人献祭：为了几百块钱送命的出租车司机，交出钱以后还被射杀的店员，还有游客被刺死，凶手只是为了凑够去迪斯科舞厅玩上一晚的钱。记者帕特里克·蒂尔尼在《最高的祭坛》(The Highest Altar) 这本书中令人信服地提出，在今天的秘鲁，活人献祭还在真实地发生。与这种献祭本身同样引人注目的是它的目的：杀人者并非祈求雨水或好收成，而是金钱。

在我们第一次提到罗马的金钱女神墨涅塔的时候，我们说她的名字大有深意。她是发出警告的女神，但她警告我们的是什么呢？现在，我们终于可以更好地理解墨涅塔了，因为我们把她放在了她那些作为丰收女神的姐妹中间。我们了解到霍皮人仪式中的那种甜蜜，在敬拜谷物之母的过程中，将蛇少女嫁给羚羊少年。我们还知道了活人献祭的那种残暴，阿兹特克人以此供奉的是同样的女神，玉米女神奇克麦克胡特尔。墨涅塔对我们承诺，新的生命会从这种神圣的婚姻中生发出来，又警告我们，她那永无止境的丰收循环会不可避免地带来死亡。以其最暴力的一个侧面，她要求用活人献祭确保她自己的重生、自然界年复一年的更新，以及人类的生存。

墨涅塔的信息很难被听到，因为我们的死亡是痛苦而难以捉摸的。然而，无论是活人献祭的受害者，还是巨额财富的积累，都无法让我们摆脱生与死的循环。当我们从这一角度思考金钱的时候，可能就会对《木马赢家》中保罗的母亲或"点金术"中的米达斯国王生出更大的同情。一个死于脑膜炎的儿子或一个失去生命变成金子的女儿，他们都是不知道为何要渴望更多财富的父母献祭的牺牲品。他们对墨涅塔一无所知,更不用说奇克麦克胡特尔。他们不曾深入了解自己的激情和恐惧源自何处。没有做到这一点,他们便看不到财富中的悖论。因为金钱象征着生命力和丰饶,它就必须被视为一种象征。拥有金钱而没有拥有金钱所象征的活力和丰饶,会使金钱成为一种危险的幻觉。

当人类还生活在没有金钱的时代,靠着打猎或耕作维持他们的生活,丰饶的意义不需要过多的解读。然而,近几个世纪以来,一场全球范围的人类向城市的迁移已经将我们与自然界的循环割裂开来。没有了树木,我们就再也看不到秋天飘落的树叶,冬天光秃秃的枝条,以及春风中重生的绿意。没有了作物,我们便忘记了田野上的犁耕和种植,萌芽与成熟,以及丰收的喜悦。没有了野生或家养的动物,超市冷藏箱中的肉品会完全脱离于作为营养来源的活生生的动物。

从这个角度上讲,城市就像是古希腊埃皮达鲁斯的康复中心的圣林。在这片圣林中,生育和死亡都是不被允许的,生命成为永恒。对于一个生病的人来说,暂时摆脱生死之轮的无休止转动肯定会有巨大的治疗效果。埃皮达鲁斯疗养的一个重要方面是对心灵的疗愈。在清洁仪式和祈祷之后,病人会睡在一个特殊的房间里,希望从神那里得到一个梦。因为梦本身能够治愈,或者让人明白应该采取什么样的治疗方法。

在神圣的小树林里,生命既没有开始,也没有结束,虽然进入这里可以获得治愈,但我们无法停留在这样一个永恒的地方。保罗的母亲和米达斯都没有理解凡间男女的局限性。他们认为自己能够积累起无限的象征生命力的物质(钱或金子)。

保罗的母亲和米达斯为什么不能对钱或金子作出评估,然后知道自己的所得已经足够呢？他们是在和金钱的隐秘身世展开搏斗。除非明确意识到这种隐秘的身世，否则他们不可能抑制自己的冲动，为他们的生命活力重新找到方向。一方面，他们没有意识到，金钱问题掩盖的是对自然富饶的恐惧和希望，这种富饶大大超出了他们的掌控；另一方面，他们不知道丰收的循环所需要的献祭。如果我们允许这种祭品上升到意识中，就会让我们全都瑟瑟发抖。然而，隐藏在我们视线之外的东西永远有着巨大的破坏力。如果我们不能面对丰收、献祭和死亡等内心中的问题，就有可能失去最宝贵的东西而得不到任何回报。

献祭的问题深深地嵌入金钱当中，对所有人和所有的文化来说都是如此，因为大自然的生死循环是普遍存在的。如果我们生来就是阿兹特克人，必须向谷物女神献祭自己的鲜血，我们就会认识到，对于以我们的生命活力换取带来自然之丰富的神圣能量，我们和我们的文化是如何将这种努力仪式化的。生活在拒绝这种生命祭祀的现代文化中，我们很难看到金钱与我们渴望从自然的丰富中得到的祝福之间的联系。

这样的渴望，与被金钱打动何其相似，都是自相矛盾的。一方面，我们怀有可以理解的期盼，希望对金钱的妥当处理能为我们自己、我们所爱的人，或许还包括我们作为其中一分子的社会，带来幸福和繁荣；另一方面，积累足够数量的金钱能给我们带来额外的生命力。假如可以得到这种额外的生命力，我们就能像神一样永生，不再受制于将死亡规定为生命的前驱和终结的自然法则。

对于任何表述这种长生不老的幻想的人，我们当然可以嗤之以鼻。在占领新大陆的过程中，西班牙征服者搜寻两处传说的地点，黄金之城埃尔多拉多和能让喝到它的人获得永生的常青喷泉（Fountain of Eternal Youth）。丰收女神（以金钱和黄金为代表的）是财富的来源，也是生命的源泉，根据对她的了解，我们就明白埃尔多拉多和常青喷泉是同样的神话景观的一部分。所以，与植物相关的葡萄之神狄俄尼索斯就有能力给予米达斯无限量的黄金；事实上，他是将创造黄金的那种能力授予了米达斯。而米达斯可能为此付出的代价是生命本身，不论是他女儿的，还是他自己的生命。

集体潜意识与商业周期

金钱、生命和献祭的相互关联不仅存在于个体的潜意识中，同样也存在于某个文明的集体潜意识当中。这种集体的潜意识正是原型的发源地，是在人类进化中发展起来的更大范围的模式，影响着我们每一个人。在经济萧条的时候，我们可以从报纸上读到，有些官僚宣布降低利率会给经济注入新鲜的血液。而当阿兹特克的祭司刺穿自己的身体，让其鲜血滋养大地并将第五个太阳支撑在天空时，他们不会提出这类说辞。这是一个世俗的官员，或许是美国联邦储备委员会的某个成员说出来的话，他在不知不觉中建立了鲜血与丰饶之间的古老联系。然而，在这种情况下，丰饶关乎的不只是田野，而是一套更为复杂的现代经济。

在很大程度上，这种经济依赖于人们的消费意愿。我们甚至已经开发出对消费者信心的衡量标准。如果消费者信心上升，我们就能期待消费者花费更多。这将带来经济学家所谓的乘数效应，因为花出去的每一块钱都会被其他人接收，他们也会受到鼓励去花掉更多的钱。很快，金钱就会像维持生命的血液一样在整个系统中流动起来。但是，如果消费者信心下降，人们就会担心未来的消费的收缩而减少花费。金钱血液的流动性降低一定会造成经济的收缩，引发经济衰退或萧条。

当然，本书内容远远不足以讨论现代经济的全部复杂性，但是我打算提出一个简单的问题：究竟是什么原因导致经济出现衰退或萧条？暂且假设消费者的支出是决定繁荣与崩溃的关键，那么是什么让消费者对未来感到乐观或恐惧呢？消费者信心指数所包含的哪些信息拼凑在一起促使这个统计学上的消费者采取行动呢？消费者从何处发现了决定未来繁荣程度的事实呢？这一经济体系的首要原因，即原动力又是什么？

我们的消费者可能会问另一个人，未来会怎样。基于对方的回答，他们将会信心爆棚或垂头丧气。但是，后者是如何拥有了提供给前者的信息呢？也许后者已经被一家企业解雇。然后，我们就会问，这个企业为什么要解雇后者并导致了他对未来的恐慌？如果答案是，该企业的销售不如从前好，因为消费者信心低迷，至此我们便完成了一个循环。那这家企业的消费者的信心在一开始又是怎么下降的呢？

假如某人回答，一场干旱毁掉了地里的收成，我们需要一位像以利亚那样的先知带来雨水，那我们就很容易理解一个低水平的消费者信心指数。但是在全球经济中，这样的自然灾害很少成为经济收缩的诱因。事实上，在经济收缩的时候，可以利用的自然资源、工厂和熟练劳动者都与经济膨胀时期一样。有所不同

第三章 金钱与祭祀：当金钱比生命更重要时

的只是利用这些资源，包括利用我们自己和我们的生命活力的意愿。

在一个完美的世界中，或许一帮满怀信心的人会同意逆潮流而动。当消费者信心指数下降的时候，他们就开启一场消费圣战，购买房屋、奢靡的饮食、服装和礼品，直到他们身边的每一个人都因为他们的善举而得到雇用。乘数效应会在经济中掀起一浪一浪的金钱的波涛，最后这些金钱无疑会回到起初联合行动的那些消费者手中。随之而来的是所有人的富足，甚至是那些当初为了消费而以其资产冒险（或者是为之举债）的人。

我们可以将这支勇敢的团队誉为"圆桌消费者"[1]，并奖励其中的最杰出者，为他们的荣誉颁发勋章并举行庆功宴。在消费者的名人堂里，我们将供奉那些男女英雄的金色雕像，他们不是出于自爱而是因为乐于助人而进行消费。经过几代人的繁荣昌盛之后，所有的消费者信心指数都保持在尽可能高的水平，那些误入歧途的人会开始向这些神一样的金色雕像祈祷，并在他们的祭坛上焚烧钱币，以确保更多的金钱从神的世界回归我们自己的世界。

多么荒诞不经的幻想啊！但让我们利用它来审视一下，在面对现代经济中的世俗生活时，个人错过了什么。基本上，个人是没有办法进行真正意义上的献祭的。我们不会蹲在某个木制的雕像面前，用我们耳朵上流出的鲜血供奉它。然而，如果不能在自然世界、工业革命和信息革命的人工世界中举行确立经济地位的

---

[1]. 作者在此处借用的是"圆桌骑士"的典故。传说中亚瑟王领导的一批优秀的骑士留下了许多伟大的事迹。

某种仪式，我们可能会感觉到已经失去了与人类的生死现实的关键联系。

这些丢失的联系让我们陷入了一个统计的世界里，我们在其中无法通过献祭来重建与自然之丰富的联系，并重拾我们的信心。我们不再积极参与强化社会生存意愿的仪式，而是成为因缺乏生产能力而在失业数据有记录的受害者。没有女神得到献祭，但是有6%、10%或14%的劳动人口失业。我们的牺牲隐藏在统计数据背后。即便是这些统计数据也不能全部说明这种牺牲的程度。例如，失业统计数据不包括放弃就业的人，就业不足的人，身为临时工但希望永久就业的人，或因找不到工作而绝望创业的人。那些成为统计数字的人，甚至那些没有被统计在内的人，都无法让社会从他们的牺牲中感受到任何价值。他们被剥夺了与神或自己的天性进行交流的渠道。

号召人们做出牺牲的领导人，通常是总统，必然会被认为对经济衰退负有责任。他（或有朝一日的她）害怕被选下台，很快会选择一位信任的助手，通常是经济政策方面的主要顾问，并且，按照通俗的说法，递给这位助手一把斧子。这种寻找替罪羊的做法也是一个来源于活人或动物献祭的词汇。总统可以将或许不属于任何人的过错（衰退或萧条）归咎于助手。这就是为自然世界的更新而向女神献祭的那些阿兹特克祭司在世俗社会中的对应。

然而，阿兹特克祭司可以发挥其优势，让人们相信他们是在奉献自己来滋养他们的神。他们积极参与重建神圣秩序，让太阳升上天空，让谷物生长并被剥去外壳供人们吞食。如果认识不到这个自然的循环，也就是既包括死亡也包括生命的循环，我们就会生活在一个与精神现实脱节的文化中，无异于生活在宇宙洪荒中的第一个男人和女人。我们正在否认潜意识中的认知，即死亡一定会到来，人的活动减少或停止的时刻一定会到来。如果无休止地增长真是我们渴望的目标，那么就必须揭示出我们隐秘的信念，即这种增长对我们来说就像长生不老一样是不可能的。只有到那时，我们才能评估这种增长是否可行、明智。

难怪"我们信仰上帝"这句话会出现在美国所有的硬币和纸钞上。在经济衰退或萧条时期，这句口号为人们提供了一个途径，让人们理解为什么金钱之神辜负了他们。虽然金钱是一种世俗的工具，但我们需要相信神的力量。如果我们感到金钱血液的流动受到限制，我们便会渴望更多的生命力。如果觉得我们的政治领袖正在用我们献祭，那么（生活在非神权国家的）我们就要求他们做出牺牲。如果一位可靠的领导人告诉我们，他或她可以创造更多的资金，并将我们从权力的无能中解救出来，那么这位领导人很快发现他会拥有狂热的追随者。

让我们回到美国南北战争时期，正如我们在上一章所讨论的，当时"我们信仰上帝"第一次出现在一种硬币上。直到1862年，美元的价值都是通过与一定数量的白银或黄金等值来加以定义的。在兑换硬币时，政府会以固定的官方比率购买黄金或白银（这也在黄金和白银的价值之间形成了一个官方比值）。然而，内战中的财政困难迫使政府发行纸币。这些被称为"绿背票"的纸钞，并没有黄金或白银在背后支持，货币供应量迅速膨胀。一盎司黄金兑换纸钞的比率达到政府提供的官方比率的两倍。市场通过浮动的兑换比率确定黄金和美元之间不断变化的关系。

对更健康货币制度的渴望推动了1873年、1874年和1875

年的立法工作。这些法律使美国铸币局于 1879 年恢复了内战前盛行的以官方汇率购买黄金的做法。然而，1873 年《铸币法案》（Coinage Act）并未要求政府为兑换美元而购买白银。这一遗漏意味着美国已经放弃了存在于 1792 年至 1862 年的双金属本位制，转而采用单一的黄金本位制。虽然我不讨论市场上确定的黄金和白银价格之间关系所带来的复杂影响（这导致在任何特定时期只有一种金属被出售给政府，而另一种金属只能以商业出售），但许多人相信，未能规定政府在购买黄金的同时一道购买白银，这导致了从 1869 年开始持续的严重通货紧缩，并在 1896 年达到最严重。这就是为什么 1873 年的《铸币法案》被双金属本位制的支持者称为"1873 年罪行"。

到 1896 年，通货紧缩使得商品的价格只相当于 1869 年的 61%。农产品价格受到的影响更加严重。1896 年，农产品价格只是 1869 年的 44%。这种通货紧缩伤害了借款人，他们不得不以价值已经超过他们借款时的美元来偿还债务。农民和小企业，尤其是那些身处南部和西部农村地区的，都在寻找一位造雨师，以减轻他们因通货紧缩而遭受的沉重负担。随着银行纷纷倒闭（1893 年有 496 家倒闭），失业率在"1893 年恐慌"[1]之后迅速高企——1894 年达到 18.4%，1896 年仍是令人无法接受的 14.4%——美国经济陷入了一场萧条，类似这样的萧条自 19 世纪 30 年代以后从未发生过，之后直到 20 世纪 30 年代才再次出现。

参加 1896 年总统候选人提名大会的民主党人分为两个阵

---

1. 指 1893 年美国发生的一场全国性经济危机，起因是费城和雷丁铁路公司与国民绳索公司这两家企业的倒闭，随后引发股市的恐慌反应。

营,一个阵营支持金本位制,另一个阵营则倾向于恢复金银本位制。曾在大萧条时期担任了四年的总统,并支持金本位制的格罗弗·克利夫兰总统被抛弃,大会转向了一位36岁的新闻记者,来自内布拉斯加州的前国会众议员威廉·詹宁斯·布莱恩。当布莱恩发表著名的"黄金十字架"演讲并最终赢得提名时,他用惊人的宗教隐喻来描述这个金钱上的问题:

"我要对你们讲的话,是为了保护一项与自由同样神圣的事业,"布莱恩在演讲的开始部分说,"这就是人类的事业。"他指出,他这项事业不是关于个性的争执,而是关于原则的讨论,他谈到了人类的死亡:"个体只是一个原子;他出生,他行动,他死亡;但原则是永恒的;这已是一场关于原则的角逐。"

这是一场精彩的演讲,但布莱恩在这里说的永恒原则指的是什么呢?从一个层面上,他说的是双金属本位制,但是在更深层次上,他说的是他认为的通过增加货币流通量带来繁荣。这种关于繁荣的永恒原则来自墨涅塔等丰收女神所统治的死亡与重生的汇合。

"带着一种近乎曾激励过隐士彼得[1]麾下十字军战士的那份热情,我们主张银本位的民主党人从胜利走向胜利……"出于他所赞美的"这个国家的普通人"立场,布莱恩接着说:"农民……通过将头脑和肌肉投入这个国家的自然资源来创造财富,他既是一个商人,又是一个根据农产品交易所决定自己的行动并押注粮食价格的人;矿工们下到1 000英尺深的地下……从贵金属的藏

---

[1] 11世纪的法国修士,组织了一支四万人的所谓"平民十字军"参加了第一次十字军东征,并到达耶路撒冷。

身之处将它们生产出来，注入贸易渠道中。对我来说，这些矿工与在一间密室中垄断世界上的金钱的少数金融富豪同样都是生意人。"

布莱恩将努力产出自然财富的人与操纵金钱的人区别开来，他颂扬了"顽强的拓荒者，他们勇敢地直面荒野的一切危险，让荒漠像玫瑰一样绽放……"在谴责单本位制的影响时，他谈到"黄金本位已经导致数万人死亡"。

有一种观点认为，"如果你立法的目的只是让有钱人更富裕，他们的富裕就会渗透到下层人士身上"，与此相反，布莱恩公开宣称，"然而，民主的理念是，如果你为使大众富裕而立法，他们的繁荣就会在依赖于他们的每一个阶层中找到上升的通道"。

这使他对农场和城市进行了一场有趣的观察，城市选民对金本位普遍抱有支持的态度。

"烧毁你们的城市，离开我们的农场，"他说，"你们的城市会像魔法一样再次崛起；但是摧毁了我们的农场，全国每个城市的街道上都会长出青草。"于是，仿佛墨涅塔本人就站在他的身后，布莱恩再次提到自然的丰富多产必不可少。就像一个可以通过增加货币供应带来雨水的萨满一样，他声称自己对丰收的秘密有着最深的了解。因此，他也知道丰收是需要献祭的。他明确表示要牺牲资本家的利益，保护劳苦大众的利益。这就为他的演讲引出了那个著名的结尾，一个振聋发聩的结尾，不逊于任何能带来风暴的雨神。

"我们身后有这个国家和这个世界上的劳苦大众，在商界利益、劳动者利益和每一个地方的辛劳者的支持下，为了回应他们对金本位的要求，我们会对他们说：你们不应该把这荆棘之冠压在劳动者的额头上,你们也不应当将人类钉在一副黄金的十字架上。"

布莱恩为"平民百姓"的狂热斗争并未使他赢得总统职位,但他的形象描述说明了货币问题、生产力和牺牲之间的紧密联系。我们的意识中可能还没有这种联系,但布莱恩这样一位演说家在危机时刻的发言,能够揭示我们的经济得以增长的古老根源。当他谈到献祭的时候,让我们瞥见了我们作为一个个人,以及集合起来作为一个社会的天性。他对双金属本位制的信仰并不一定正确(这种争论一直存在),但是他的隐喻揭示了我们如何感受和体验金钱的真相。

从更广泛的意义上讲,"黄金十字架"是金钱创造幻觉的力量。米达斯国王差点在"黄金十字架"上丢掉自己和他女儿的性命;保罗实际已经被钉死在上面,金钱的疯狂程度超出了他大脑的承受力。在与金钱打交道时,总是会出现幻觉,我们的抗争就是要找到一架显微镜或望远镜,让我们能够看透幻觉的帷幕。了解了丰收的神话及其留下的祭祀的遗迹,就朝向深化我们的理解迈出了一步。

回望100年,布莱恩本人似乎得到了美化,在36岁时竞选总统的他,令人想起了阿提斯的形象。作为女神所挚爱的牧童,阿提斯是为了恢复自然和生产能力而牺牲的一位植物之神。在1896年的选举中,布莱恩被保守的东部民主党人抛弃。他在落基山脉各州和大平原地区得到的支持无法战胜共和党人威廉·麦金莱在东部和中西部的成功。麦金莱不仅以271张选举人票超过布莱恩的176张选举人票,而且他获得的普选票具有60万张的决定性优势。

国家很快便恢复了繁荣。通货紧缩停止了。来自克朗代克[1]、南非和澳大利亚的新矿，加上可以用低成本从低品位矿石中提取黄金的氰化物工艺的发现，带来了黄金供应的增长。美国国内的收成有所改善，而欧洲的作物歉收则有助于农产品价格保持高位。1900年3月14日，共和党通过了《1900年金本位法案》，将黄金美元作为标准价值单位，并规定所有纸质货币都能够兑换黄金。布莱恩在1900年再次竞选总统，但是以更大的差距落败，麦金莱总统可以指出四年以来共和党取得的繁荣。他得到了墨涅塔的保佑，不仅他的祈祷得到回应，"普通人"的祈祷也如是。

然而，当布莱恩在1925年写回忆录时，他试图强辩到底。他为银本位而战并不是为了它本身，而是为了实现货币数量的增加。于是，他提出了如下问题："假设一个镇上的居民在供水问题上分成几乎相等的两派，一派主张增加供水量，并建议通过从银湖抽水来增加供应，另一派则坚持并不需要更多的水；假设反对增加供水的一派在选举中获胜（无论是通过什么方式）；又假设在选举后不久，一个可以被称为黄金之泉的泉水从城市的中心涌出，其水量是城市从前用水量的一半；再假设新的水源变成了城市的蓄水池，给镇上的所有人带来了快乐和收益。在这种情况下，我们能说哪一派是正确的呢？"

水，被米达斯泼洒在他的财产和他的女儿身上，将二者带回到真实的世界，恰当地隐喻了金钱的流动。"货币"（currency）这个词来自拉丁语的"currens"，意思是奔跑或流动。这种流动的水与"黄金十字架"存在很深的渊源，同时也直接象征着献祭

---

1. 此地位于阿拉斯加，19世纪末在该地区发现金矿以后出现了一场著名的淘金热。

和生命之树。因为古人祭祀的目的是带来雨水,带来孕育和滋养生命的水。他们供奉鲜血换来雨水;有时候,他们实际献上的是自己的和他们所爱的人的鲜血。在基督教的洗礼仪式中,人们相信洒水或浸入水中可以带来最有意义的经历,让灵魂进入肉体。

这并不是只适合学术研究的古代映象,对于今天的我们也同样栩栩如生。如果我们说的是米达斯国王,而不是华尔街丑闻中倒下的金融家,那显然是因为米达斯的故事所具有的普遍性,无论是基督诞生前七个世纪的弗里吉亚,还是20世纪80年代垃圾债券融资的兼并收购中的华尔街,莫不如此。

忽视金钱与水、血和精神的联系只会让我们置身于危险之中。金钱给我们带来幻觉,因为它起源于神庙和祭祀的贡品。它向我们讲述了水的孕育能力、鲜血的献祭功效和灵魂的永恒生命。这一切都隐含在我们带回家的薪水、小企业的利润、股票的分红和贷款的利息当中。

如果理解了这一点,我们便会明白,我们的任务是驱散金钱的幻觉,为的是让我们的目光超越金钱,看到生活中更深层的真相。之后,金钱本身就可以被人们用来为这些真相,而不是再为幻觉服务。如果我们在这一过程中取得成功,墨涅塔一定会善待我们。

第四章

囤积金钱：
守财奴为何失去生命的活力

第四章　囤积金钱：守财奴为何失去生命的活力

从前，有一个磨坊主特别喜欢金子。这种对金子的挚爱令他如此执着，以至于他卖掉了所有的东西来购买自己所爱。然后他将全部的金子熔化，铸成一大块，埋在他的田地里。每日拂晓，他都会赶往自己的田地，把他那灿灿生辉的宝藏挖出来看看。

但是，有个小偷看到了磨坊主鬼鬼祟祟的行动，于是有一天晚上，磨坊主的秘密宝藏被别人刨出来拿走了。

第二天早上，磨坊主挖了又挖，却一无所获。他痛苦地号啕大哭，最后他的哭声引来了一位邻居。当邻居听说是金子被偷了，于是就对磨坊主说："你为啥这么难过呢？你从来就没有真正拥有金子，所以你什么都没丢。你过去只是在想象中拥有它，现在你也可以想象你仍然拥有它。你只需在埋金子的地方埋一块石头，想象那块石头就是你的财宝，你便再次拥有了你的金子。毕竟，有金子的时候你也没有用过它，只要你下决心永远不动用它,你就永远都不会再把它弄丢了。"

磨坊主有一个聪明的邻居,但并不意味着这个邻居的建议就能被轻易听从。磨坊主和米达斯一样,沉迷于对黄金的热爱。守财奴的恶名来自拒绝让他们的巨大财富惠及任何人。如果邻居依照惯例行事,在金子被偷的问题上对磨坊主施以同情,就会错过一个重要的真相。仅仅拥有某些东西并不能赋予人们财富;相反,获得财富的途径是对自己所拥有的东西加以利用。因此,金钱必须流通起来才能具有它的意义。就像血液、水和精神一样,货币的流通是发现它所体现的财富的关键。

把钱埋在地下象征着将生命活力从人类的群体中移除。事实上,在守财奴拒绝给予这个世界的东西中,金钱是最微不足道的,因为它仅仅是一种象征,象征着本应该得到分享的爱、善良、快乐和创造力。邻居代表了磨坊主所拒绝的,并因为吝啬而退出的那个群体。这位邻居给予磨坊主的不是同情,而是一个机会,让他看到没有用处的财富的虚幻本质。

在本章中,我们将探讨金钱以什么样的方式象征着生命的活力。如果我们把获取金钱想象成任何努力(或生活)的目标,就会有那么一刻,我们忽略了金钱被创造出来为之服务的某些基础关系。当然,在家庭背景下,金钱的使用就像分享食物或爱,在商业领域,资金流动可以提高生产力和整个社会的福祉。如果把我们的能量和生产的成果囤积起来,我们将收获寥寥,而为我们的生活赋予意义的社会关联,即我们与他人和群体的关联,也会离我们而去。

在本章讲述的四个故事中,每一个都出现了来自精神世界的干预。男孩变成了一只鹰,幽灵和精灵拜访了守财奴,幸运之神帮助了一个农民，而那个国王的妻子被证明是女神所扮。我们可能以为这种干预是存在于我们每个人心中的记忆或想象力，出现危机的时候，我们会突然生出一种看待问题的新方式，一种看待金钱和财产的新方式。如果我们足够幸运，也能得到这种心灵的干预，那么我们所体验到的就是自我疗愈的力量。

对小气鬼的惩罚

我们的第一个故事来自美国西北地区的奇努克部落，题目叫作"对小气鬼的惩罚"。它说明了拒绝传递财富——在这个案例中是作为食物的财富——会造成多大的损害。通过研究食物的传递不畅，我们看到了一个具体的实例，表明了拒绝传递那些维持生命的东西对社会所造成的破坏。在我们的文化中，可以很容易地买到食物，那么与这个故事对应的就是金钱的囤积。

故事中的村庄坐落在海滩之上，一个严酷的冬天让这里的许多人面临饥饿。酋长已经去世，他唯一的儿子还没有长大成人。大海里不会有吃的东西被冲上岸，人们只能靠着采集贻贝和植物根茎才能糊口。

一天，有个猎人提出男人们应当出海。即使找不到什么别的东西吃，他们至少还可以采集更多的贻贝。于是全部男人聚到两条独木舟上划向了大海，直到村庄从视线里消失。在到达一个小岛的时候，他们发现了海狮，便用长矛刺中一只，将它拖上岸来。

此时，其中一个叫蓝鸦的猎人说，他们应该把海狮全部吃光，一点都不要带回去分享给妇女和孩子。没有一个猎人与蓝鸦争论，所以海狮在岛上被煮熟吃掉了。有一个叫渡鸦的猎人，他试图把一块肉藏在他的垫子里，为的是带回家分给那些饿肚子的人，蓝鸦发现了这块肉，把它扔进火里烧掉了。然后，猎人们为村里的女人们采集了贻贝。

第二天，酋长的儿子想加入猎人的行列，但蓝鸦说海浪会把男孩卷走，逼他留在村子里。猎人们再次用长矛刺死一只海狮。蓝鸦又说他们一点都不应该带回村子，因为那会使酋长的儿子想和他们一起来。其他猎人没有质疑这一决定以及他所给出的理由，但渡鸦把一块肉绑在头发里，为的是带回给村里那些人。蓝鸦发现了这块肉，把它扔进了火里。在离开小岛之前，猎人们找了些贻贝带回给村里的女人们。

第三天上午，酋长的儿子又想跟去，但蓝鸦又一次拒绝带上他。渡鸦又一次试图为村里的人藏肉，但还是被发现了。猎人们享用海狮，又给村里的人带回贻贝。第四天上午重复了同样的事情，第五天上午也是。

第五天的上午，酋长的儿子抓住独木舟的一侧不松手，直到蓝鸦打他的手让他放开。之后，男孩背着他的弓箭沿着海滩步行。当他看到一只黑鹰，就把它射下来并剥了皮，试图把这张皮披在自己身上。可是，皮太小，他穿不下。他射下了第二只鹰，又剥了皮，结果还是一样。然后他射下了一只秃头鹰，用力挤进了它的皮里。

很快，酋长的儿子就飞了起来，并闻到了油烟味。他顺着这股气味来到小岛，猎人们正在那里享用一只海狮的肉。男孩先是

第四章 囤积金钱：守财奴为何失去生命的活力

降落在一根树杈上，但他想让蓝鸦看到自己，就围着火堆转了五圈。蓝鸦扔给老鹰一块肉，吃惊地发现这只鹰的脚长得像人脚（因为那张皮太小，盖不住男孩的双脚）。

次日，也就是第六天的上午，猎人们把独木舟拖到水边，但酋长的儿子没有再努力争取和他们同去。猎人们一走，男孩就召集村里所有的妇女和孩子。他给他们看了蓝鸦给他的肉，并用这块肉给留在村里的所有人头顶涂上油脂。然后他拆掉了所有的房子，只剩下属于渡鸦的那栋。他把房子里拆下来的木板磨得很锋利，给每个女人的后背绑上一块木板。

酋长的儿子告诉女人们，游到那个小岛，围着它绕上五圈，你们就会变成虎鲸，以后就能够自己杀死海狮。但是一点都不要分给那些小气的人。

至于孩子们，酋长的儿子说，他们会变成海鸟。最后，他扯开肌腱，把贻贝绑在岩石上，这样蓝鸦和其他人就要费很大力气才能撬动贻贝。

于是，这些妇女就游到了她们的猎人丈夫们正在大快朵颐的小岛上。她们从水里跃出来，围着岛转了五圈，随后游向了大海。很快，长着血红的喙的海鸟也围着岛飞了五圈，直到他们也从视线中消失。只有渡鸦认出了这些鸟就是村子里的孩子们。

蓝鸦担心他和猎人们看到的是恶魔。现在他们不仅收集贻贝，还把他们捕到的肉装进了独木舟。他们急忙赶回村子，但房子（渡鸦的房子除外）全都倒塌了，妇女和孩子也不见了。

蓝鸦唉声叹气，直到其中一个猎人叫他闭嘴。那个猎人说，如果不是你那么坏，我们的家人就不会这样对待我们。

妇女和孩子没有回来。相反，猎人们只能住在无遮无拦的地方，到海滩上寻找食物。他们吃树根，还不得不把贻贝从石头上敲下来。蓝鸦是所有人里最倒霉的，因为他很少能找到食物，而且经常有冰雹从头顶的天空向他砸下来。只有好心的渡鸦不仅在海滩上找到了海豹或鲟鱼，而且还有个栖身之处。但那些没有试图给家人带食物的人失去了一切。酋长的儿子用这种办法惩罚了他们的小气。

拒绝分享对群体有何影响

我们经常陷入这样的思想斗争中，是应该学蓝鸦还是学酋长的儿子呢？他们就好像是我们心里两个不同的声音，一个小气，一个大方。有时候，我们会像这些猎人一样附和并遵从错误的领导。或许有个像渡鸦那样的声音为我们提供几次改变行为方式的机会，但是听从这样的声音可能并不容易。

显然，酋长之死留下了持续的影响。没有好的领导，猎人们就不能采取正确的行动。蓝鸦自私自利，只为了自己和这些男人们能尽情享用猎物。但他没有将本应与村民分享的丰富食物进行传递。这一错误严重扰乱了社会秩序。在审视金钱的根源时，我们了解到它在很久以前起源于为了确保大自然的丰饶而奉献的祭品。而这个故事告诉我们，如果财富没有得到适当的分享，作为财富来源的自然世界可能就会对人们施加惩罚。因此，蓝鸦那津津有味的盛宴成为猎人们终身贫困的缘由。

酋长的儿子渴望参与社会生活的多个方面。通过试图加入猎

第四章　囤积金钱：守财奴为何失去生命的活力

人的行列，他准备成为村中男人们的一员。他愿意与全村人分享狩猎的成果，这说明他意识到自己对群体的责任。

蓝鸦的一再拒绝驱使男孩去寻求更高意义上的公正。他杀死了三只老鹰，最后给自己套上秃鹰的皮，获得了它的飞行能力。鹰象征着精神上的渴望，象征着人类与精神世界的关联。鹰有能力超越并摧毁所有其他鸟类（包括蓝鸦），因此鹰具有摧毁卑鄙和邪恶的力量。很多国王、皇帝和统治者都把鹰作为他们的象征，既表示他们得到神的护佑，也是为了宣示他们的力量。当男孩利用鹰皮时，他寻求的是父亲和酋长的角色与权力。

酋长的儿子从超自然世界汲取力量，对他的族人进行审判。既然男人们不去照顾妇女和孩子，部落的原有秩序就不再发挥作用。如果弱者不能依靠强者，酋长的儿子就让他们摆脱依赖。他将他们变成有能力抓捕猎物的虎鲸和海鸟。男人们没有给予以分享其财富作为象征的应有的忠诚与关爱，妇女和孩子也就不必再束缚于给村庄带来繁荣兴旺的社会契约。

故事的一个重要方面是时机的选择。大自然的恩赐必须及时加以利用，我们必须活在当下。随着时间一天天过去，猎人们越来越难以做出改正。"五"是一个神奇的数字，在故事中重复了很多次。到了第六天，这个村庄——和它所代表的一切，包括人际关系的价值——就都被摧毁了。最后，尽管蓝鸦和其他人把海狮肉塞进他们的独木舟里，但出于恐惧或强迫的给予不能算是真正的慷慨。到他们愿意付出的时候，他们的吝啬已经造成了严重的后果。一旦妇女和孩子离开了，再将财富带回村子里就于事无补了。

那些不做传递的人失去了本来可以传递给他们的东西。"循环"（circulation）这个词本身就意味着这种结果，因为它与"循环性"（circularity）和"圆形"（circle）有着共同的词根。循环性意味着所给予的能量将以某种形式返回给予者，而圆形象征着所有事物在一个整体中相互联系。蓝鸦和那些猎人否认这个循环的原则。他们否认自己与整体的联系。只有善良的渡鸦在某种程度上可以免遭随之而来的大灾难。

重复就像是习惯性的思维。蓝鸦和猎人们的错误不止一次，他们错了五次。蓝鸦不仅吝啬地拒绝分享食物，而且拒绝让酋长的儿子在村里恰当地扮演一个猎人和男人的角色。随着故事的反复重演，守财奴的习惯性思维也在重复。守财奴一定拒绝给予，守财奴害怕生命的能量自由流动会带来无法预计的结果，但他们无法控制大自然中蕴含的丰富力量。于是，酋长的儿子成为一个强者。在故事的最后，因为其正直的天性，他被人们称为酋长。

圣诞颂歌

如果这些猎人生活在更现代的社会，蓝鸦就会说服他们不要与家人分享其薪水。无论没有分享的东西是食物还是金钱，人的本性中存在的问题都是一样的。

最著名的吝啬故事可能就是查尔斯·狄更斯的《圣诞颂歌》（*A Christmas Carol*）。在19世纪中叶的伦敦，这个故事中的守财奴斯克鲁奇的形象甚至比蓝鸦的形象更加恶劣。

猎人蓝鸦和放债的守财奴斯克鲁奇有一个共同之处：他们都

第四章　囤积金钱：守财奴为何失去生命的活力

拒绝将财富传递给那些更不幸的人。即使在圣诞节，斯克鲁奇也无法克服其吝啬的天性，融入这个节日的欢庆气氛之中。斯克鲁奇的外甥来向舅舅祝福圣诞快乐，却一如既往地遭到拒绝，得到斯克鲁奇那有名的"骗子"的称呼。这个外甥努力想打动斯克鲁奇，说圣诞节是"一个美好的时刻，一个仁慈、宽恕、慈善和快乐的时刻，在长长的日历中，这是我知道的唯一时刻，男人和女人仿佛不约而同自由地敞开他们封闭的心灵，为境况不如自己的人着想一下，就好像真把他们当作通往死亡之路上的同伴，而不是注定踏上其他道路的另一种生物。"

这段话打动了斯克鲁奇的职员。这个人忍受着寒冷的办公环境和微薄的工资，还有就是斯克鲁奇很不乐意让他在圣诞假期中休息一天。但斯克鲁奇对这些话却无动于衷。相反，他痛斥自己的外甥是为了爱情而结婚，又拒绝邀请对方参加圣诞晚餐，然后将外甥赶出家门。

接下来，有两位绅士来拜访斯克鲁奇，他们成立了一个委员会，为"目前受苦受难的穷人和无家可归者"提供帮助。

斯克鲁奇所做的答复后来却会为其带来困扰。他问道："没有监狱吗？……济贫院呢？它们还在运营吗？"斯克鲁奇想要表达的理念是，他对穷人没有义务，穷人可以去监狱或济贫院。

其中一位绅士谈道，尤其是在圣诞节，"贫困是多么令人痛苦，丰饶又是多么让人喜悦"。他问斯克鲁奇能捐献些什么，但斯克鲁奇回答说："什么都没有！"

当被告知许多人宁愿死也不愿进监狱或济贫院时，斯克鲁奇回答说，"如果他们宁愿死，他们最好就去死吧，还能减少多余的人口"。这样，斯克鲁奇一边毫无怜悯之心地引用马尔萨斯

《人口学原理》中的话，一边将两位绅士逐出门外。

斯克鲁奇不能给予他人或关心他人，也就无法给予自己。他让他的职员冻僵在微弱的炉火前，同样他也不会允许自己享受过于温暖的炉火。事实上，在家里，他必须蜷缩着坐在火炉旁才能感受到一丝温暖。他不会享受丰盛的正餐，而是去"一个破败的酒馆"里凑合。他的住处是一套阴暗的房间，为了省钱，他只用一根蜡烛来照明，而且他为了赚钱把房子里的其他房间租给别人做办公室（所以他在晚上总是孤身一人）。他向世人展示出来的那副吝啬面孔与他面对自己时一模一样。即使他渴望温暖、一个充满爱意的家庭、一顿圣诞大餐、一座灯火通明的房子，他也什么都得不到。他不能给予穷人，同样也无法给予自己。

事实上，守财奴斯克鲁奇就像一个活死人，对于那些为人生赋予价值的欢乐，他已经是一个死人。为了得到救赎，他必须再次联结到财富的源头。对斯克鲁奇来说，这种救赎的可能性是以一个幽灵和三个精灵的形式出现的。

斯克鲁奇曾经有一个名叫雅各布·马利的合伙人，他在七年前去世。斯克鲁奇从来没有把这个合伙人的名字从标记着斯克鲁奇和马利的办公室铭牌上抹去。马利去世时，斯克鲁奇是他"唯一的遗产受赠人、唯一的朋友和唯一的哀悼者"，因为他同样是个守财奴，也和斯克鲁奇一样不受欢迎。如今，就在圣诞前夜，在斯克鲁奇从马利手中继承的黑暗、寒冷、如同洞穴般的房子里，马利的幽灵出现了，并粗暴地打断了斯克鲁奇的话。斯克鲁奇的合伙人看起来和活着的时候一样，只不过他的身体是透明的，腰间紧紧扣着一条锁链，上面穿着"钱箱、钥匙、挂锁、账本、契约和沉重的钢制钱夹"。

第四章　囤积金钱：守财奴为何失去生命的活力

这个幽灵的出现吓坏了斯克鲁奇，它警告说，如果一个"灵魂困在活人中走不出来，它就注定要在人死之后出来……亲眼看看它不能参与分享的，但可能已经在人世间分享了的东西，然后才能快乐！"马利的幽灵说斯克鲁奇自己的链子和马利的一样长，而且那已经是七年前的事情了。

斯克鲁奇非常害怕，恳求幽灵给予慰藉。"'我没有什么可以给予的，'幽灵回答道。'它来自其他领域，埃比尼泽·斯克鲁奇（Ebenezer Scrooge），并由其他神父转达给其他类型的人。'"幽灵后悔地说，活着的时候，他的"灵魂从未走出他们的账房"，还说，"多少后悔也无法弥补人在一生中错失的机会"。

幽灵告诉斯克鲁奇，获得好运气的唯一希望将来自三个难缠的精灵的干预。因此，斯克鲁奇必须面对这些来自其他领域的力量，才能应付财富及其流通的问题。

昔日圣诞之灵

第一个精灵，在午夜一点钟的沉沉黑暗中到来，它是"昔日圣诞之灵"——更特别的是，它是斯克鲁奇自己在过去的圣诞节中的精灵。这个精灵把他送回小时候喜欢读的那些书中人物的幻象之中。他看到自己还是个少年的时候，他所钟爱的妹妹范恩来到学校，把被扔在这里的他领回家，与家人再次生活在一起。这个精灵提醒他，范恩死了，但留下了一个孩子——就是斯克鲁奇的那个外甥。

接下来，斯克鲁奇看到自己还是一个为老费齐维格工作的年轻人。那是一个善良快活、乐善好施的人，举办了一个欢乐的圣诞节庆典。年轻的斯克鲁奇和另一个学徒聊起他们是多么崇拜费齐维格，但精灵指出这次派对的花费是多么少。斯克鲁奇忘了他已经变成个守财奴，反驳道："他给予的欢乐，仿佛和花了很大一笔钱一样多。"说到这里，斯克鲁奇突然希望能和自己的职员鲍勃·克拉奇特谈谈，那个人依靠微薄的薪水养活着一个幸福的大家庭。

最后，"昔日圣诞之灵"带着斯克鲁奇去看他与自己本该迎娶的贝尔分手的场景。"另一个偶像取代了我，"贝尔对年轻的斯克鲁奇说，"……一个金子的偶像……我看到你那些更高尚的抱负一个接一个地消失，直到最重要的爱好——赚钱这件事让你全神贯注。"她说他已经变成的这个男人不会选择一个没有嫁妆的女孩，于是就允许他收回了迎娶她的承诺。

斯克鲁奇恳求精灵不要再带他去看了，但他还是看到了贝尔和她的丈夫以及他们的孩子。就在七年之前马利去世的那个圣诞节，这位丈夫说他如何经过斯克鲁奇的办公室，看到斯克鲁奇"终究落得个形单影只……"

斯克鲁奇高声大叫着要逃离这些场景，又徒劳地试图熄灭精灵身上萦绕不去的光芒。他终于精疲力竭地睡着了。在他睡觉的时候，让我们从一个新的视角来看待斯克鲁奇。与"昔日圣诞之灵"的遭遇表明，斯克鲁奇并非一直是个守财奴。他曾经是一个孤独的学生，他爱他的妹妹，渴望回到家里与亲人团聚；他一度钦佩过雇主的快乐活力与仁慈善良；他曾经爱过，也曾被爱过。那些让他变得无情，使他受到限制的东西，是缓缓而来的，看上去似乎是让他摆脱贫困的一种合情合理的努力。通过从自己的过往中感受的痛苦,斯克鲁奇表明了他有可能改变自己,并不是不可救赎,只是一时迷失了方向。这些从他自己想象的救赎深渊中变幻出来的精灵,能否成功地让他回到赋予生命价值的爱的交流中呢?

现世圣诞之灵

斯克鲁奇睡了 24 个小时,醒来的时候正好赶上下一个精灵——"现世圣诞之灵"的到来。这个精灵改变了斯克鲁奇的房间,让它充满了熊熊烈火的光芒,并用很多冬青、槲寄生和常春藤的叶子装饰起来,使房间看起来像"一片完美的树林"。一大堆适合举行节日盛宴的各种食物垒成一个宝座,上面坐着一个"兴高采烈的巨人"。

这个巨人就是精灵。它是一个异乎寻常的形象,没有我们一般认为精灵应当具备的鬼怪特征。他身着一件绿色长袍,胸膛赤裸,就仿佛他鄙视虚伪或掩饰,手中高擎的火炬形状如同"富裕的号角"。他充满快乐,无拘无束,飘逸的卷发上戴着一个绿色的爱神木花环。在他的腹部有一柄古老的剑鞘,但是已经生锈,而且里面是空的。

这位与众不同的精灵显然是一位植物或丰收之神。他穿着绿色的长袍,头上戴着花环,身上散发着光芒和自然形成的勃勃生机,他可能是阿提斯或狄俄尼索斯的一个兄弟。因此,守财奴斯克鲁奇面前是一个不断更新的自然丰富的形象，一场召集众人共同分享的盛宴。精灵带着他穿过城市和乡村，直到遥远的大海。在每一个地方，斯克鲁奇都能看到人们在这样的节日气氛中欢乐庆祝。精灵带他见到了自己的职员鲍勃·克拉奇特，后者正和一大家子人共享烤鹅大餐。克拉奇特经济拮据，还要操心生病的儿子小蒂姆，却丝毫没有影响家人们在这场盛宴上的欢乐。

斯克鲁奇很关心小蒂姆，问精灵这个男孩能不能活下来。精灵回答说，除非能改变未来，否则小蒂姆就会死去。斯克鲁奇恳求对方改口说小蒂姆可以幸免于难，精灵引用了斯克鲁奇自己的话回答说，"如果他宁愿死，他最好就去死吧，还能减少多余的人口"。

斯克鲁奇听到自己说过的话，悲痛万分，懊悔不已。精灵告诉他，不要说这些话，除非"你已经发现了什么是多余的，以及它在哪里"。

精灵把斯克鲁奇带到了他的外甥弗雷德的家中，对方正在与妻子和岳父母一起过节。弗雷德笑着讲述了他与斯克鲁奇的会面，他说："……他的罪行自然会给他带去惩罚……他的财富对他来讲毫无用处。他没有用它们做过任何好事。他对这些财富并不满足……谁会因为他的恶念遭受痛苦呢？总归是他自己。"

弗雷德的妻子弹着竖琴，斯克鲁奇听着儿时喜欢的音乐，心情舒缓下来。他希望自己能早几年听到这段音乐，并"为了自己的幸福而哺育生命的仁慈……"他发现自己很喜欢参加聚会的人玩的捉迷藏和其他游戏。当精灵要走的时候，斯克鲁奇像个小孩子一样请求允许他一直待到客人们都回家。

精灵答应让他再玩一次游戏，然后又带他周游世界。无论何处，精灵都带来了节日期间丰富多彩的欢乐，但随着午夜的临近，精灵明显变老，头发也成了灰白色。当斯克鲁奇问起这件事时，精灵回答说："我在人世间的生命非常短暂……今夜就会结束。"

这时，斯克鲁奇看到精灵的长袍下有什么东西，问它是什么。作为回答，精灵拉开长袍，露出了两个孩子——他们"可怜、卑贱、可怕、丑陋、悲惨"，而且"面黄肌瘦、衣衫褴褛、愁眉苦脸、狼吞虎咽，但也是一副卑躬屈膝的样子"。

斯克鲁奇问这两个孩子是不是精灵的，对方回答说："他们是人类的孩子……这个男孩是无知。这个女孩是贫困。"

"他们难道无家可归、无依无靠吗？"斯克鲁奇喊道。

再一次，斯克鲁奇先前的话被用来驳斥他自己，精灵回答说："没有监狱吗？……没有济贫院吗？"

这是精灵的临终遗言，因为午夜来临，"现世圣诞之灵"消失了，取而代之的是第三个，也就是最后一个精灵——"未来圣诞之灵"。

未来圣诞之灵

这个精灵"裹着一件深黑色的衣服"，掩藏起全部身体，只露出一只伸出来的手。斯克鲁奇在这个"黑暗的裹尸布"面前瑟瑟发抖，但是他告诉这个沉默的精灵，"我知道你的目的是对我好……前面带路吧，你这个鬼怪！"

从几幕场景中，读者（而不是斯克鲁奇）明显地意识到，斯克鲁奇是在下一个圣诞节之前去世的。首先，一群商人谈到一位已经去世的富人，说他的葬礼不会花很多钱，因为可能没有人想去参加。然后，在这座充满犯罪气息的城市的另一边，有几个人来出售他们从死者身上掠夺的战利品。接下来，斯克鲁奇在一个房间里，看到有具尸体躺在一张床上，身上盖着一条破烂的床单。精灵示意斯克鲁奇把床单掀起来，但他不敢。

斯克鲁奇恳求精灵，让他看看这座城市里有没有任何人"对这个人的死亡有所感触"。

接下来的两个场景中，在第一幕场景，有对年轻夫妇心存感激，因为这个男人的去世会让他们有时间找到所需的钱来偿还他们欠这个人的债务。但即使他们没有筹集到这笔钱，丈夫也相信"此人的继承人绝对不会再是一个同样残忍无情的债权人"。

第二幕场景中，斯克鲁奇又被带到他的职员鲍勃·克拉奇特的家里。那个名叫小蒂姆的男孩已经去世了，全家人正在哀悼。

斯克鲁奇想要知道这个死者是谁。最后，精灵将他领到一处墓地，斯克鲁奇看到了一个无人问津的坟墓，石碑上刻着他本人的名字。

斯克鲁奇恳求精灵，说他一定在生活中改弦更张，并请求确保他所看到的这些未来也能改变。"我会发自内心地注重圣诞节，并努力在全年时间里始终保持"，斯克鲁奇作出承诺，结果却看到可怕的精灵逐渐消失，最后缩小成一根床柱。

斯克鲁奇很高兴自己还活着，他从床上跳下来，报之以大笑。他猛然打开窗户，从一个男孩那里得知今天就是圣诞节，所以这三个精灵其实是在同一个晚上拜访了他。他让男孩给职员克拉奇特送去一只肥肥的火鸡，然后他穿上了自己最好的衣服。在会见曾向他请求资金帮助穷人的其中一位绅士的时候,他承诺提供一笔丰厚的资金。他去了教堂,和乞丐们交谈,拍着孩子们的头。在他外甥的圣诞晚餐上,他感受到无比的幸福。第二天早上,他给克拉奇特加了薪,并承诺会帮助这位职员的家人。

小蒂姆活了下来,我们得知,"据这座古老善良的城市所知……"斯克鲁奇"成了一个好朋友,一个好雇主,一个好男人",而且"……与精灵之间没有再进一步交往……"

认识金钱的虚幻一面

这几个精灵使斯克鲁奇发生深刻的变化。他被放置于古往今来在人类和精神世界之间上演的宏大戏剧中,这部戏讲述的是献祭与交流。"现世圣诞之灵"象征着大自然不断更新的丰富。但正如我们所熟知的,这位丰收之神沉湎于无休止的生继之以死的循环。"现世圣诞之灵"在腰上佩带的空剑鞘暗示着丰收与死亡之间的紧密联系。这种联系促使我们更快地意识到只能生存在当下;只有眼前这一刻,只有现在这一生。对斯克鲁奇来说,死亡穿着黑暗的长袍,如幻影般来到,但是作为一个带着善意的使者,这位"未来圣诞之灵"受到斯克鲁奇的欢迎。

目睹这种强大力量之间的争斗,这种他在自己生活中经历过的争斗,斯克鲁奇意识到金钱对他来说已经变得多么的虚幻。他为了金钱本身的缘故而对它孜孜以求,却忘记了金钱只是作为其象征的那种丰富。在他死后,金钱便全无价值,它不会让哀悼者来到他的坟墓边。在圣诞节那天，斯克鲁奇自己也获得了一个新的生命。他的选择只能是死亡，无论是他的名字出现在墓碑上的那种字面意义的死亡，还是一个人无法向世界提供自身活力的隐喻的死亡。

为了逃避作为其生存结果的死亡和正在等待他的坟墓，斯克鲁奇必须通过死亡才能回归旧日的自我，这当然是一个悖论。一旦能够放弃他所积累的金钱，他的能量就会注入这个世界，并将他本人与其他人联系起来。而且，一旦他能给予他人，他对自己也就会更加慷慨。

精神上的磨难使斯克鲁奇认识到，在与世界和他自身之间的关系中，他应当扮演什么样的恰当角色。然而，每个人都必须亲自体验这种精神旅程，它关系到如何把握金钱或物质财富。例如，梭罗[1]声称，他不想对任何东西拥有所有权，因为人们会轻易被财产所带来的关注和忧虑俘获。斯克鲁奇不能认同这种态度是因为其早年的贫困的经历让他视财富的价值高于一切，事实上，许多19世纪的社会领袖都认为，贫困是一所学校，人们从中领悟到努力工作的回报。即便真的如此，斯克鲁奇也没有学会如何为了自己和他人而利用他所拥有的东西。

斯克鲁奇至少公开承认自己是个守财奴。而其他一些故事则表明，分享财富，甚至放弃获取财富，会如何掩盖内心的感受，这种感受完全不同于慷慨大方和与群体之间出于爱的联系。来自中国的一个民间故事则说明吝啬何以能被伪装成慷慨。

---

1. 即亨利·戴维·梭罗（Henry David Thoreau，1817—1862），19世纪美国作家、哲学家，超验主义代表人物，也是一位废奴主义及自然主义者，有无政府主义倾向。他最著名的作品是《瓦尔登湖》。

第四章　囤积金钱：守财奴为何失去生命的活力

金钱造成忧虑

这个名为"金钱造成忧虑"的故事里，讲的是有两个邻居，一个富有，一个贫困。富有的那个人名叫陈博智，他把所有的时间都用在他的钱财上，投资、放贷、交税。他几乎没有时间吃饭，因为处理这些钱让他日夜忙碌不停。妻子恳求他不要把自己累死，但他知道没有办法减少自己的工作。

贫穷的邻居李四以劳作为生，尽管他干活十分卖力，但是收入很微薄，也没有积蓄。晚上回家的时候，他把自己挣来的钱交给妻子。再加上妻子的收入，他们只能勉强维持生计。即便如此，李四和他的妻子还是很开心，晚饭以后李四经常弹着柳叶琴唱歌。

这位有钱的邻居从来听不见这些音乐与歌声，因为他埋头于计算租金和利息。然而，他的妻子听到了，可这欢乐的音乐却令她不快。她对丈夫说，财富并没有给他们带来幸福，而那个贫穷的邻居却很快乐。

陈先生说，李四之所以幸福，是因为他很穷，俗话说穷人最不缺时间。按照他的理解，让李四别再唱歌的办法就是给他一笔钱。妻子认为有钱只会让李四夫妻更幸福，但陈先生确信自己说的没错。

第二天，陈先生邀请李四来做客。李四来了以后，陈先生说，作为老邻居，他们之间的关系很好，他觉得李四靠干活永远也不会赚到很多钱，就提出给对方500两银子。他建议李四用这笔钱做一个好买卖，而且不管结果如何，都不用还这笔钱。

李四谢过他以后赶紧跑回家，把这笔飞来横财告诉妻子。此后他不再去做工，只一心想着如何用这些银子去赚来更多的钱。因为始终想不到令自己满意的办法，他变得和他那有钱的邻居一样，每天很晚才回家吃饭，对弹琴唱歌也失去了兴致。相反，他整夜忧心忡忡思考如何处理这笔财富。

　　陈先生和妻子很高兴，音乐和歌声停止了。对他们来说不幸的是，幸运之神好生怜惜李四。

　　经过了两个不眠之夜，李四几乎起不来床了。突然之间，幸运之神出现在他面前，警告他说，是金钱给他带来了忧虑。记住这一点，幸运之神告诉他，让他自己摆脱这些忧虑。

　　李四感觉自己又充满了活力。他赶快把500两银子全部还给了他的邻居。谢过陈先生的好意，李四觉得卸除了巨大的负担，终于沉沉地睡着了。第二天晚上，那位有钱的邻居，再次听见了李四的柳叶琴的弹奏声和歌声。

　　根据这个民间故事，陈先生很快失去了全部财富，陷入了困顿的生活。但是，来自李四家里的音乐与歌声却越发丰富。

囤积行为如何扼杀想象和疗愈的力量

　　伪装成大方的小气可能会逃过我们的朋友和邻居们的注意。然而，它无法逃过主宰丰饶的众神的目光。幸运之神不仅告诉李四不要痴迷于金钱，而且还让陈先生从富有跌入贫困之中——因为他失去了给他带来财富的好运气。

第四章 囤积金钱：守财奴为何失去生命的活力

陈先生很像《圣诞颂歌》开篇中的斯克鲁奇。他沉湎于自己的财富；他和妻子已经失去了生活提供的平凡的喜悦。他与斯克鲁奇和马利的幽灵一样，肯定戴着一条穿着"钱箱、钥匙、挂锁、账本、契约和沉重的钢制钱夹"的锁链。

陈先生所不具备的那种平凡的喜悦，就是能够从他人的幸福中获得快乐的能力，能够欣赏音乐与歌曲的能力，这在更广泛的意义上可以解读为对艺术世界和想象王国的享受。陈先生痴迷于金钱，甚至连音乐都听不到，而他的妻子听见音乐的时候，却只盼着让音乐所表达的喜悦归于沉寂。

观察斯克鲁奇和陈先生的外在行为，似乎每个人都经历了相似的内心变化。斯克鲁奇变得能够向穷人施舍，并善待自己的家人，而陈先生表面上施舍穷人，似乎照顾了他的邻居。不过，很明显，斯克鲁奇和陈先生发生改变的方式完全不同，因为他们的动机南辕北辙。

正如我们之前所说，斯克鲁奇认真思考了自己的生活，意识到自己必须改变。否则他将面临死亡，因为他已经失去了"生命"。然而，陈先生赠送银两是因为他无法容忍别人的喜悦。他的付出与表面看来正相反。并非出于对生活和他人的爱，而是出于仇恨。他无法释放以贷款、土地和金钱的形式所蓄积的生命力，使其大量注入社群之中。

陈先生没有遇到来自精神世界的信使。在他家里没有发生任何事情促成其个人的转变，因此他注定堕入穷困潦倒。在故事的结尾，陈先生所遭受的现实中的贫困，只是他的内心贫困在外部的相应表现而已。

陈先生与李四形成了鲜明的对比，后者的名字如此奇特。我们很自然地把他想象成李家的第四代，或者可能是排行第四的孩子。然而，在很大程度上，"四"这个数字暗示着完成。这一观点来自数字命理学。一是统一性，二是二元性，三是改变（因为三是由一加上二组成的，这是统一性遇到二元性时发生改变的可能性），四是完成（因为四是由三加上一组成的，它象征着改变成为统一的状态）。

李四拥有完整的自我：他对妻子的爱，他卑微的工作，以及他在音乐和歌曲中的喜悦，都使他拥有完整的自我。李四作为一个完美的人出现在故事里面，所以他不需要 500 两银子给他带来生活的变化。因此，当李四迷失了方向，被世间的诱惑所动摇时，幸运之神便出来干预了。这位神仙让李四回到自己的道路上，回到一个充满爱意的家庭，回到音乐和想象的欢乐之中。

斯克鲁奇和李四通过他们在金钱问题上的抗争，更深刻地认识到自己究竟是谁，了解了自己内心深处的秘密。他们没有给我们提出决定我们自己行为的规则，如果他们这样做了，我们从斯克鲁奇的例子中得出的结论可能会是，我们应该追求财富并将其传递；而从李四的例子中得出的结论则是，我们应该完全放弃财富。我们从他们身上吸取的教训是，我们与财富发生的关系可能就是我们发现自我并触及我们更深层天性的过程的一部分。

否认自己的天性或许就是吝啬的最高形式。这就是否认了我们内心中丰富的东西，拒绝了改变和成长的可能。如果一个像斯克鲁奇这样的人，认识到自己的爱和分享的能力，那么他肯定会因为找到了自我而更加富有。如果一个像李四这样的人，发现财富可能会毁了他因而将其放弃，那么他也会因为他所获得的这种自知之明而更加富有。重点不在于放弃财富，而是欣然接受这段旅程，从中领会我们应当珍惜什么。

放弃财富的国王

曾经有位国王统治着印度的一个庞大帝国——希希德瓦贾。尽管这个国王很富有，但他渴望追求至高的真理。他拜访了许多圣人和智者，并实践了大量的精神修行。最后，他确信，能够发现真理和出人意外的平安[1]的唯一途径是自我克制。

他仔细考虑了应该放弃什么，以及在什么时候放弃。他所拥有的巨大财富包括土地和宝贵的财产，他控制着军队和大批仆从，享受着奢华的生活。除此之外，他还深深地爱恋着他的妻子丘达拉王后。

最后他决定放弃王位。他告诉妻子他在灵魂中感受到的痛苦和对宁静的渴望，并恳求她治理好国家，能让自己放下牵挂。

王后是一位非常睿智的女性，她认为丈夫不可能在这种放弃的过程中找到他所寻求的宁静。然而，她知道讲道理改变不了他的想法，于是她便接管了这个王国，证明了自己是一位出色的统治者。

国王登上喜马拉雅山脉的高峰，这道山脉象征着他所希望达到的精神高度。他为自己建了一座简陋的小屋，穿着树皮衣服，

---

[1] "出人意外的平安"这个说法出自《圣经》当中，原文为"the peace that surpasses understanding"。此句译文请见《新约》腓立比书第四章第七节。

睡在鹿皮上，在冰冷的水中洗澡。可无论他如何祈祷、冥想、吟诵并践行禁欲，他都无法找到内心的宁静。事实上，他越是努力地约束自己去虔诚修行，他就越是感到痛苦。

这位国王真的相信放弃会带来宁静，所以他认为自己一直不快乐是因为放弃的还不够多。他决心为了追求自己的目标而放弃更多的东西。相比作为国王时享受的丰富饮食，他现在只吃根茎和水果。但他觉得这还是太多了，于是他开始只吃水果。起初，他是每隔一天吃一次水果，然后是三天吃一次，最后五天才吃一次。

但他仍然感到焦虑不安，为自己的生活日益烦恼。为了克服这种痛苦，他不断地思考还有什么可以放弃的东西。他的身体开始越来越差。当王后来看望他时，发现他处于这样的状况，非常伤心。

幸运的是，国王的妻子不仅是一位王后，还是一位女神。她不愿意让丈夫继续走向这条自我毁灭之路，就扮成一位名叫昆巴的伟大哲人，来到国王居住的小屋。

国王十分敬重这位智者，并在回答昆巴的提问中，讲述了他如何放弃了自己的国家，来到如此荒芜的高海拔地方生活的全部故事。

听完整个原委以后，哲人简单地对国王说："放弃之后才会有宁静。"

说完这句话，昆巴离开了，留下在一团混沌中的国王。毕竟，他已经放弃了这么多。他还要放弃更多：他的茅草屋，他的树皮衣服，他睡觉用的鹿皮，还有他的水壶。现在他真的是一无所有了，而他却比以往任何时候都感觉更加痛苦。

王后假扮成昆巴再次出现，问国王是否找到了宁静与快乐。

国王回答说他感到痛苦和绝望，这时昆巴再次说，"放弃之后才是宁静。你放弃的还不够"。昆巴再次消失。

国王沉思着昆巴的话，决定放弃自己的生命。他收集木柴，生火。如果火焰吞噬了他的身体，他相信自己最终就能得到宁静。他围着火堆走了三圈，向自己的肉身告别。他告诉自己的身体，它给了他极大的快乐，但仍然没有找到宁静。

在他准备跃入火中时，哲人昆巴现身，把他从这种疯狂之中解救出来。现在，哲人对国王直言，一旦他放弃了自己的身体，谁还会找到宁静，谁还能享受宁静？昆巴说，大地创造出的身体并不属于国王，进入身体的神圣意识也不属于国王。因此，当他把自己的身体投入火焰中的时候，他是在放弃一个生命和一种意识，这种生命和意识是赐予他的，但不属于他。昆巴最后说道，国王必须放弃的是"属于我的东西"这种错觉。

国王意识到自己犯了错误。也许其他人通过放弃寻求宁静是正确的，但对他来说，这并非一条正确的路径。这种通过放弃来寻求宁静的幻想才是他必须放弃的东西。他只能通过遵循自己的本性来寻求宁静，这要求他在物质世界中过精神生活。对国王来说，拒绝与外部世界发生联系是吝啬的表现，这就是吝于向最适合他的物质和精神领域的混合生活提供自己的能量。

昆巴说"放弃之后才是宁静"这句话的目的，是让国王意识到，他将这句话当作一条规则加以解释，而不是让他自己去寻找一条独特的道路，以完成他的自我实现。

我们可以在这里补充一下，王后在以昆巴的形象现身时，正在把她的丈夫推向他自己打算做的事情的极限。她的爱并不是表现在试图劝阻他，减轻他的痛苦；相反，她努力让他更深刻地了解了自己的本性。她明白，如果他没有意识到放弃对他来讲是错误的路径，他就永远无法摆脱自作自受的痛苦。

我们如何看待这样一位为了让爱人实现自我认知而将他推向毁灭边缘的配偶呢？当然，王后是一位女神，她可以有把握做到凡人不会去冒险的事情。与拜访斯克鲁奇并使其从吝啬至极中清醒过来的精灵一样，她的立场也是毫不妥协的。

王后决意要看到丈夫找到一条适合自己的道路，这让我想起了一位朋友的经历。作为母亲，她的独生子染上了毒瘾。怀着巨大的痛苦，她不得不逐渐让儿子与自己断绝关系。她只好要求儿子离开自己的家。尽管她天生慷慨大方，而且深爱着儿子，但她只能拒绝儿子的恳求，一分钱也不给他。有时他会来敲门，求母亲让自己进来；还有时候，他会打电话要钱吃饭。起初，母亲心一软就会把钱给他，结果却发现儿子用钱又去买了毒品。最后，她克服了母性的本能，拒绝提供住处，拒绝给予食物与金钱，只提供了可以帮助儿子进入十二步康复计划[1]的人的名字。与那位王后一样，她不得不让儿子最大限度地临近危险的边缘，希望他能看到自己的错误，发现自己内心还在等待继续活下去的生命。

我之所以提及有关磨坊主、部落猎人、维多利亚时代的守财奴、中国的农民以及古印度国王和王后的这些故事，是因为这些看似与当代人所关心的事情相去甚远的故事为我们的时代，为我们自己的心灵提供了一面镜子，我们只需要看一看，人类的天性

---

1. 最早出现于 20 世纪 30 年代，又称"十二步疗法"，起初是用于酒瘾患者，但后来越来越多专业机构将其应用到其他成瘾疾病中去，最典型的就是戒毒。

并未随着科技以同样的速度进化。我们对物质福利的希望和恐惧依然存在。这些希望和恐惧形成了人们对财富和金钱的态度，这种态度已经延续了不止几个世纪，而是数千年。

为何我们的生命活力不应当被埋没

虽然在一本关于金钱的书里，前面一章中讨论的活人献祭可能显得有些不同寻常，但是，本书的标题是"金钱的秘密"。在我们日常的意识之外，墨涅塔女神创造了丰收的奇迹。她的名字代表着记忆，但是我们基本上已经忘记了她。我们已经忘记了我们曾经如何通过仪式来表露和抚平我们对自然是否能持续带来丰饶的担忧。因为墨涅塔所统治的那个原型的世界是我们今天很少能够触及的，我们正像旁观者那样参与一个我们几乎一无所知的重大事件。

缺乏自知之明可能会鼓励我们把对成功的担忧投射到金钱上。我们甚至都没有考虑过墨涅塔和她那些女神姐妹们所做的活人献祭，我们对成功的无以名状的担忧导致我们开始以我们的生命活力献祭。磨坊主掩埋的金子象征着他生命中的财宝和能量。我们不用的那种财富——我们的生命活力，真的从我们身上被偷走了，我们不假思索地把生命活力奉献给虚假的神。像蓝鸦一样，我们可能会烧掉剩余的肉，而不是与我们的部落成员分享；像斯克鲁奇一样，我们甚至拒绝给予自己，更何况是给予别人了；像陈先生一样错误地给予；或者像希希德瓦贾国王那样偏离我们生活中的真实道路，都只是吝啬的其他形式，是以我们的生命活力献祭的其他方式。

　　这些有关财富和金钱的故事中的鬼魂和神仙都是墨涅塔和我们自己的不同侧面。我们有能力理解死亡和新生的循环，它让我们希望成为吝啬鬼，并囤积我们的生命活力。如果我们能维持足够的宝贵力量，或许我们就可以想象，我们再也不必害怕无家可归、饥饿或死亡。当然，我们不会对自己明确表达这样的想法；我们没有主动意识到，是什么让我们吝啬或拒绝给予金钱和生命活力。从金钱的象征性意义上讲，我们没有将它视作墨涅塔的子嗣。

　　当鬼神们帮助斯克鲁奇、李四或希希德瓦贾国王的时候，我们看到的是我们所拥有的自我疗愈的力量。如果我们足够幸运地得到这种精神上的干预，或者足够开放地接受朋友、导师或债奴无名会（Debtor Anonymous）[1]之类的团体提供的这种干预，我们的理解就会发生变化，而我们的生活可能也会随之改变。

　　心理学家荣格认为，上瘾也是精神渴求的一种形式。荣格在与匿名戒酒组织创始人比尔·威尔逊的通信中表达了这种观点。这种理解有助于十二步戒瘾法的发展，其核心原则是对更高权力的信任。成瘾者的痛苦是如此可怕，对于我朋友的儿子和其他许多人来说，可能就是危及性命的——但这种痛苦也可能成为某种经历的一部分，这种经历能够促使一个人放弃毒品、酒精或其他强迫行为并踏上追求真实自我的旅程。

---

1. 指为了帮助那些使用无担保债务给自己和他人的生活带来问题和痛苦的人的一类组织，类似于帮助酗酒者戒酒的"酗酒者无名会"，其中有一些也采用前文提到的十二步疗法。

第四章 囤积金钱：守财奴为何失去生命的活力

守财奴最主要的错觉是，生命活力是有限的，可以通过拒绝向外给予来控制和保存这种活力。我们之前提到过，墨涅塔这个名字的一个来源与度量有关。金钱是衡量和比较不同物品和服务价值的一种如此有效的工具。然而，作为一种通过与精神世界进行交流而衍生出来的神圣物质，金钱在精神上的作用所遵循的原则，不同于它在市场上作为一个有用仆从的世俗角色所遵循的度量法则。

查尔斯·狄更斯把"现世圣诞之灵"刻画成一个绿色的精灵，高举着一支火炬，形如"富裕的号角"。我们无法衡量这样一种富饶，它比国家债务还要巨大。自从人类开始直立行走并按照自身的样子想象神的形象，在这短暂的时间里，人类所创造的所有宝贵财富都无法与之相比。但是，这些无法衡量的东西却是可以传递的。毫无疑问，这种流通包括我们花费了如此多的生命时光所创造和拥有的金钱与财富。如果理解了这种流通，我们就会越发深入地思考墨涅塔赐予我们的丰富。

第五章

财富之源：
对供应获得一种新认识

第五章　财富之源：对供应获得一种新认识

在上一章的故事里，那位磨坊主把他的金子埋了起来，结果却被偷了。邻居建议磨坊主用一块石头代替他丢失的金子。这块平淡无奇的石头看上去当然没什么价值，但是如果换一个视角，毫无价值的东西有时也会拥有价值。这个过程中的一部分可能涉及从一种新的角度审视自己，发掘我们之前并不知晓的内在财富。

如果我们从另一个有利的方向看待磨坊主的故事，我们可能会问，那位邻居告诉磨坊主在地里埋一块石头是什么意思。这块石头怎么能代替金子呢？本章将跟随金钱的象征意义，探索我们内心的丰富来自何处，我们还会看到，如何促进这种丰富的增长，造福我们所爱的人和我们的社会，从而释放我们内心的丰富。

少年与石头：象征性的想象

著名心理学家荣格讲过，在他还是一个八九岁的孩子时，曾经玩过一个游戏。在自家的花园里，地面发生倾斜，露出了一块大石头。作为一个小孩，荣格认为这块石头是属于他的。在游戏中，他会想："我正坐在石头上面，而它在下面。"但是这块石头可能也有一个"自我"，这样石头就可以说："我正躺在这个斜坡上，而他正坐在我的上面。"于是荣格就在心中与这个问题展开斗争，到底是他正坐在石头上面，还是他是他正坐在上面的那块石头。这个问题让他着迷，而答案模棱两可。令人愉快的谜团让荣格坐在这块石头上，苦思冥想了好几个小时。

石头代表的就是永恒的物质。一方面，这块石头会在肉体消失后继续存在，所以石头会比男孩活得更长久。另一方面，如果男孩是石头，那么男孩的一部分生命就会比他自己的脆弱肉体存活更久。换句话说，正如荣格后来认识到的，他对于石头的冥想就是有关自己灵魂的冥想，一个尚未被男孩命名，但仍然存在的灵魂，等待着作为荣格毕生事业的那场发现之旅。

我们大多数人在内心挣扎中都会经历灵魂的考验。这样的斗争往往有助于理解我们自己，以及什么样的生活是最适合我们每一个人的。这个过程可以称作灵魂的发现，或者，对于那些更喜欢中性术语的人来说，是对我们每个人所拥有的潜力的发现。但是，当这种潜力被埋没时，那个磨坊主或任何像他一样的人，都会经历一种因为失去自己可能成为的一切而遭受的痛苦损失。

第五章 财富之源：对供应获得一种新认识

矿工与他的金子：直白的想法

20 世纪 60 年代发生在美国的一次非同寻常的审判使灵魂是否存在成为人们关注的焦点，展示了一个名叫詹姆斯·基德的人内心的困惑和怀疑。此人出生于 1879 年，从 1920 年到 1948 年在亚利桑那州的铜矿里做一名抽水工，后来在 1949 年失踪并被推定死亡。他的工作报酬很低，生活困顿。他住在一间空荡荡的小屋里，窗户上钉着毯子。他经常光顾一家当地餐馆，总是在那里找一份别人扔下的报纸看看，点菜单上最便宜的菜，也从来不给小费。他会特别仔细地抽一支五分钱的雪茄，让它维持一整天。他还有一个小盒子用来装吃过的口香糖，为的是能够再嚼一遍。他从未结过婚，事实上，他极少邀请别人到他的住处。然而，基德有一些朋友提起，他渴望快速致富，还有他经常进行关于生命的来源、死亡的本质以及灵魂的思考。

詹姆斯·基德在 1949 年失踪后，似乎没有留下遗嘱，他的遗产也很少。但随着时间的推移，不断有他的股票和银行账户被发现。因为基德曾经勘探过黄金，也曾参与股市。无论他是从地下挖出过大块黄金，还是从股市上获得了收益，他去世时的净资产接近 20 万美元，按照当时的标准，多半应该算是一个富人。在基德死后很长一段时间，终于出现了惊喜——他留下了一份遗嘱，一份很不寻常的遗嘱。

他在遗嘱里声称自己没有继承人，要求将他的全部财产卖掉，在扣除其葬礼的开销后，再给"在我的坟墓前致告别福音的那些牧师（原文如此）"100 美元。然后他指示，"把余下的钱用于研究或发现一些科学证据，证明死亡时离开的人类体内的灵魂，我认为他们的（原文如此）可以成为一种在人类死亡时离开的灵魂的摄影，詹姆斯·基德"。[1]

有 134 个申请人为这笔资金的用途展开争夺。科学组织、心理研究团体和所谓的继承人都想要分一杯羹。在最初的判决中，法庭认为这份遗嘱形成了一份慈善信托。然而，困难在于，哪一个申请人能够最好地完成遗嘱所要求的科学证明。有关死亡和灵魂的大量证词导致法庭将这笔财产授予了凤凰城的巴罗神经学研究所（Barrow Neurological Institute），资助它在神经系统和大脑与思维之间关系的研究。

当然，詹姆斯·基德身上最令人震惊的是，他在活着的时候从来没有把他的钱花在那些能为自己带来快乐的东西上。譬如说，他从未向任何进行他所要求的那类研究组织捐赠过。他似乎满足于把金钱囤积起来，并思索灵魂是否真的存在。在遗嘱中，他必须采取一种特定的方式决定其死后的行为，本质上，他是企图用自己的金钱来交换他无法得到的证据。

如果将詹姆斯·基德与荣格进行对比，我们可以把其中一个人看作勘探员，另一个人则是炼金术士。詹姆斯·基德寻找埋藏在地下的金子，但他似乎不知道如何利用这种实际的搜索或不断增长的资产净值来强化对自己内心之丰富的感受，从而至少为了让自己满意而证明他的灵魂是存在的。他没有踏上自我探索的旅

---

[1]. 基德遗嘱中的这两段话存在几处明显的语法错误，所以作者在引用时注明了"原文如此"。

程，而是将他的研究责任交给了外部机构——美国亚利桑那州的法院，以及法院所选择的接收这笔钱的受益人。

另外，荣格用他父母花园里的那块石头创造出一块魔法石。中世纪的炼金术士寻找这样一种魔法石，一种可以将基本物质转化为黄金的工艺，更重要的是，一种可以将精神注入物质的方式。荣格与石头的对话开启了卡尔·荣格与石头之间的终生交流，前者的人格面向外部世界，后者则代表了自性（Self）的内心之丰富。荣格以"个性化"这个词来描述发现自性的财富并将这些财富融入自我的过程。

金钱是符号而非来源

作为外部财富的金钱，与作为内心丰富的灵魂，两者之间的关系很容易令我们困惑。当我们像磨坊主一样认为黄金至关重要，我们就失去了与内心丰富的联系。《圣经》频繁地探究这一悖论，因为它在我们所有人的生活中始终占据着重要地位。

当耶稣基督启程前往耶路撒冷时，一个富有的人走上前问道："我该做什么善事，才能得永生？"耶稣告诉他遵守戒命[1]，但那人说他从小就遵守了。耶稣说："变卖你所有的，分给穷人，就必有财宝在天上；你还要来跟从。"但是这个家财万贯的人却愁眉苦脸地离开了。在耶稣特别邀请跟随自己的所有人中，只有

---

1. 指"十诫"中的戒律。

这个富人拒绝了。

于是，耶稣评论道："骆驼穿过针眼，比财主进神的国还容易呢。"犹太地（Judea）上最大的野兽比富人更容易通过最小的空隙发现自己内心生活中的财富。何以如此呢？

在我们的日常生活中，这个问题很容易说明，却并不容易理解或解决。因为金钱起源于和神的交流，所以它就使人相信金钱是福祉和丰饶的源泉。如此一来，金钱貌似成为神圣的源泉。这种想法让我们崇拜金钱，而不是崇敬存在于我们内心中的丰富。

耶稣经常用金钱的增长来象征神圣精神的增长。"十锭银子"的寓言讲的是，有一个主人必须到遥远的国家去接收王权。他给十个仆人每人留下一锭银子。回来后，他赞扬了那些使这笔钱增加的仆人。使钱增加了十倍的仆人可以掌管十座城市，使钱增加了五倍的仆人可以掌管五座城市。然而，有个仆人害怕主人的严厉，只还给主人一锭银子，他受到了惩罚。主人问："为什么不把我的银子交给银行，等我来的时候，连本带利都可以要回来呢？"这个仆人的一锭银子被夺过来，交给了那个有十锭银子的仆人。当人们抱怨时，主人说："我告诉你们，凡有的，还要加给他；没有的，连他所有的，也要夺过来。"这其中传达的信息就是，那些拥有内心财富并努力增加这种财富的人能收获更多；那些对内心财富缺乏认识，又拒绝努力使其增加的人，就会失去他们已经拥有的财富。

因此，金钱呈现出一个悖论。一方面，金钱的本质所起的作用本身就是一种精神象征；另一方面，金钱只是一种象征，不能真正取代内心的资源。尽管在许多故事中，金钱的增加象征着内在财富的增加，但耶稣宣称："一个仆人不能侍奉两个主，不是

第五章　财富之源：对供应获得一种新认识

恶这个爱那个，就是重这个轻那个。你不能又侍奉神又侍奉玛门（财利）。"

那些有钱人所面对的危险是，他们可能把财富当作虚假的神来崇拜。这种对金钱的崇拜会让寻求者无法抵达神的疆域，没有能力寻找和开发内心的资源。金钱、黄金和财产对我们来说永远是外在的，并且仰赖着变幻莫测的好运和厄运。在另一个寓言中，耶稣讲述的那个人的境遇多少有些类似于磨坊主："天国好像宝贝藏在地里，人遇见了就把它藏起来，欢欢喜喜地去变卖一切所有的，买这块地。"

为什么这个人的命运和磨坊主的不同？非常简单，他发现的财宝就是他自己的精神生活。磨坊主卖掉了他所有的世俗物品，将它们以金子的形式囤积起来。卖掉一切来购买秘密财宝的人正是把世俗的财富转化为精神的财富。他已经开启了一项毕生的任务，去解开他与石头之间、与其内心那些永恒的东西之间关系的谜团。

耶稣并不是因为富人的财富而谴责他们，而是因为他们对那些财富的崇拜。比如说，在耶利哥，他和一个名叫撒该的人住在一起。此人是一个税吏长，通过为可恶的罗马统治者收税而发家致富。人们批评耶稣去一个罪人家里做客，但撒该承诺将他的一半财产给予穷人，向所有被他骗过的人作出四倍的补偿。耶稣回答说："今天救恩到了这家……"

然而，撒该是富人中的一个例外，因为如此之多的富人都陷入一种错觉，以为金钱像神一样值得崇拜。但是，关于金钱和财产是富饶之源泉的这一幻觉是怎样注入了人们的头脑中呢？

耶稣为我们提供了必需的洞见，让我们看到供应我们的东西真正源于何处：

> 所以我告诉你们，不要为你们的生命忧虑吃什么、喝什么，为身体忧虑穿什么……但要先求他的国和他的义，这些东西都要加给你们了。

这是对人性的深刻见解，超越了某种特定宗教或某一特定时间。耶稣还说："神的国就在你们心里。"如果我们相信自己在内心中能够恪守一种精神层面的生活，相信我们拥有荣格称为"自性"的内心之石，那么在恪守那种内心生活的自然过程中，我们就可以兼顾我们的外在需求。对内心的探究并不否认外在需求，而是要在一定程度上以正确的态度和行动应对外部世界——包括金钱和所有权。

这里没有提供完美的模式。我们找不到规则来免除我们进行内心探索的努力。一方面，耶稣讲到，有一个人，他储存了足以维持多年的食物和饮料，以为就此万事大吉了。但上帝说这是个傻瓜，因为他的生命在当天晚上将被夺走。"富有的傻瓜"这个寓言总结道："凡为自己积财，在神面前却不富足的，也是这样。"另一方面，撒该保留了他的一半不义之财，而耶稣宣布救恩到了他的家。外在的财富是否，以及在多大程度上，应该保留或给予，这将因人而异。不变的是，我们都需要开启一段自我发现之旅。

第五章　财富之源：对供应获得一种新认识

塔尔币之星

有个德国民间故事讲述了一个失去父母而无家可归的小女孩，她很穷，只有自己身上穿的衣服和一个好心人给她的一块面包。这便是我们都害怕的情况：失去亲人，无家可归，最终甚至连衣服和食物都没有。当我们一无所有，或者是担心即将面临的金融灾难时，我们如何相信内心的丰富能为我们提供支持呢？在对金钱的希冀所带来的所有可怕的焦虑中，我们怎么能放弃这种恐惧，而专注于耶稣的洞见：如果我们在内心中寻求财富，那么"所有这些（物质的）东西也将属于你"？

故事中的小女孩"相信了上帝"，她走进了田野。在那里，一个饥饿的穷人走上前，乞求一些吃的东西。她把整块面包都给了对方。接下来是三个孩子，每个人都很冷，都想要一件不同的衣服：一顶帽子、一件马甲和一件衬衫。这个女孩分别满足了每个人。夜幕降临，她走进一片森林，在那里又有一个孩子要她的裙子。如果女孩把裙子给了别人，她就会全身赤裸，但她认为夜晚太黑了，即使她把裙子给了别人，也没人能看见她的身体。她刚刚贡献出最后一件衣服，裸着身子站在森林中，星星便开始从夜空中坠落。每颗星都是一个塔尔币（塔尔是一种货币单位，"dollar"这个词即由之衍生而来）。女孩发现自己穿上了一套漂亮的亚麻布新裙子，她用新裙子收集了很多塔尔币，在余生之中一直都很富有。

这或许看似是一个简单的故事，而实际却受到了女权主义者的批评，说它所延续的观念还是女性应该不加区别地将自己的财产和精力用于服务他人。这种批评反映出我们今天都很难相信这个故事的精神内核。谁愿意接受硬币上的格言——"我们信仰上帝"——然后就开始把我们的金钱或财产给予需要帮助的人呢？

然而，这个故事有其自身的力量，它告诉我们，给予的人会奇迹般地获得。他们将穿上漂亮的衣服；他们将终身拥有财富，对他们来说，天上的星星会跌落到地上，变成象征万物的金钱。若果真如此，造假币的人应该明白，最好尝试给予而非印刷，因为不会有人为了持有从天而降的美元而被投进监狱。

我们中间的怀疑论者一定会感到疑惑，精神上的财富是不是就意味着外部世界的贫穷。我们知道一个孩子可以把她所有的吃的和穿的都给予别人，但是我们什么时候看到过星星落到地上变成钱呢？什么样的供给规律会导致这种情况发生呢？

供应的概念

让我们再次想象一下查尔斯·狄更斯《圣诞颂歌》中的"现世圣诞之灵"。这位丰收之神，头上戴着花环，身穿绿色长袍，手持一支形如"富裕的号角"的火炬，她是我们所有人内心之丰富的意象。"现世圣诞之灵"是斯克鲁奇的内在生命与内心丰富的一部分。如果一个人意识到自己内心中有如此富饶和无限的生命，就没有必要担心能不能获得衣服、食物或金钱。这个精灵的能量可以确保我们得到所需之物。也就是说，如果我们对存在于

第五章 财富之源：对供应获得一种新认识

内心的丰富保持认知，就一定能处理好我们的物质需求。这种内心之丰富才是供应我们生活的来源，而不是金钱、房子、衣服，以及在这个世界上发挥着作用的，我们的活力的其他表现形式。

在乔尔·戈德史密斯[1]的《无限之路》（*The Infinite Way*）中，这种有关供应的概念被表述为："金钱不是供应的物品，它是供应的结果或效果。不存在所谓金钱、衣物、房屋、汽车或食物的供应。所有这些都构成了供应的效果，如果这种无限的供应没有出现在你的内心，你的经验中就永远不会有'更多的东西'。"

在这样一个致力于大规模生产、大规模消费、试图以广告连接消费与生产，并以供求规律主导市场的时代，这种供应的概念很难理解。戈德史密斯将供给规律视为我们自己的意识，他将其描述为"精神的、无限的、永远存在的"。如果我们意识到这种内心的丰富，这种不断有所收获的内在源泉，我们就可以接受金钱是"内在活动规律的自然和必然结果"。

如果这种无限的供应确实存在于我们的内心，就会发现自己身处一个陌生的领域。我们习惯于应付限制性的条件，因为已经熟悉这些条件而习以为常。我们只有这么多钱，我们只有这么多的食物，这么多的衣服，这么大的居住空间。然而，如果我们在内心发现无限丰富的源泉，我们就不再是应付限制条件。突然之间，财富的本质改变了。

外部世界的财富是通过接受而增加的：工资、利润、收入、占有。内心世界的财富始于它的无限。它不能通过接受而增加。为

---

1. 乔尔·戈德史密斯（Joel Goldsmith，1862—1964），国际知名的精神导师，美国著名神秘主义者，作家和治疗师。

了享受内心之丰富所带来的财富，我们必须寻求某种方式来传递我们所拥有的东西。戈德史密斯在《精神治疗的艺术》(The Art of Spiritual Healing)中很好地阐述了这一点。他说："在精神真理中，供给品并非收入，而是支出……没有哪种供应能够超出你的存在。如果要享受充足的供应，你必须为这种供应开辟一条逸出之路。"

在培养给予的态度时，无论给出去的东西是大是小，我们都懂得了给予如何提高我们对自身之丰富的认知。戈德史密斯建议，给予可以始于放弃某些对我们形成限制的感情——"放弃愤怒、嫉妒和仇恨，放弃获得认可、回报、酬劳、感激与合作的愿望"。所有这些感情都让我们转向外部世界。我们想知道：我们会和其他人一样富裕吗？其他人会赞同我们的做法吗？因此，这样的感情使我们远离试图让自己意识到的那种无形的内心之丰富。

虽然戈德史密斯并不建议随随便便地，或不顾常识地把金钱给予他人，但他确实强调为了"某种非个人目的"传递金钱的重要性，"不是为了家庭，不是为了个人利益，而是为了完全非个人的某些东西"。在给予时，我们可能会对已经得到的东西心怀感激，但是对物质或精神回报的希望或期待会削弱我们对内心之丰富的认知。当然，我们可以在谈论给予金钱的同时，也谈论给予爱、理解、支持、庇护或食物。给予金钱并不能取代其他形式的给予，但它可以告诉我们给予这件事情本身的性质。此外，金钱具有独特的力量，能够代表一切可以买卖的东西，无论商品或服务，因此可以买来所有必需的东西以满足无数的需要。

出于慈善的给予源于人类的同情心，这是我们对他人的苦难自然流露出的关切。犹太教将慈善捐赠视为表达虔诚的一种最好的方式。"策达卡"(Tzedakah)在希伯来语中是"慈善"的意思，它的含义不只是给予，还是恰当和公正地给予。出自犹太传说的两则故事说明了，给予如何既可能是真诚的，也可能是虚假的。

只有死人才会失去希望

"只有死人才会失去希望"，这是一个古老的犹太故事。有个富人担心，在自己死后，他的财富对他来说便会毫无价值。在朋友们的建议下，他决定进行慈善捐赠，这样他的善行就可以在出现灾祸时为他提供保护。然而，他对自己的捐赠意愿添加了限制条件。他只会捐给那些在生活中已经放弃了全部希望的人。

一天，他看到有个衣衫褴褛的人坐在一个垃圾堆上。这个富人确信此人已经放弃了一切希望，就给了他100锭金子。穷人惊讶地看着这笔不请自来的巨款，他想知道，为什么在城里所有的穷人中单单选中他来接受这一善举。

这位富人讲述了他如何发誓，只会捐给一个放弃了生活中所有希望的人。听到这些，穷人把那100锭金子扔回给他。这个人说自己相信上帝的仁慈，斥责富人不明白，上帝能够轻易地使他富有和贫穷。

富人吃惊地抱怨说，这个穷人对馈赠缺乏感激之情，而事实上是在侮辱他人。

穷人回答说，这份馈赠与善行相悖。只有死人才会对生命失去希望，所以这种馈赠就如同死亡。

当然，这位富人心中秉持的慈善理念只是出于恐惧，而不是慷慨。他的恐惧使他对自己的给予施加了限制。他把自己置于可以妄断他人的地位，而与此同时却没有意识到自己才是放弃了生命中的希望的那个人。他随意丢弃了发端于内在生命之丰富的希望，反而相信了自己的财富。

穷人之父

这个故事中有一节的标题叫作"穷人之父"，讲了一种与前面的富人完全相反的态度。"穷人之父"指的是雷布·纳楚姆·格罗德内（Reb Nachum Grodner，1811—1879），他因为不辞辛劳地帮助贫苦人，在立陶宛的犹太人聚居区的穷人中间赢得了传奇般的地位。因为他广受欢迎，人们亲切地称他为雷布·纳楚姆克（Reb Nochemke）。

雷布·纳楚姆克自己也很穷，所以他拼尽全力不让受助的贫苦人感觉难堪。有一回，他被要求在一场割礼仪式上充当教父，但他知道这个孩子的父亲没有钱负担这次仪式。

雷布·纳楚姆克问这位父亲，他是否计划去另一个叫科夫诺的城市。对方很惊讶，说他没有这样的计划。雷布·纳楚姆克于是说，他需要将25块红宝石交给科夫诺的一个人，并希望这位父亲在任何要去那里的时候把这些财宝带过去。这位父亲说他不知道什么时候会去，但雷布·纳楚姆克说没关系。事实上，雷布·纳楚姆克的意思就是，如果这个人在去之前需要用到这25块红宝石，他可以先把它们用了，过后再还就是了。

当然，这位父亲为了割礼仪式用掉了这 25 块红宝石。在他向雷布·纳楚姆克询问科夫诺那个人的姓名和地址时，雷布·纳楚姆克先是说他必须回家去找找。过了一段时间，又说自己一定是把名字和地址放错地方找不到了。某一天，这位父亲将 25 块红宝石还给了雷布·纳楚姆克，一直不曾感觉过自己是慈善行为的受益人。

慈善事业的金色阶梯

从古至今，慈善捐赠中的公平和正义就受到人们的关注。在 11 世纪，犹太神学家迈蒙尼德斯[1]系统地阐述了很多既有的慈善事业的理念，构想出一个"慈善事业的金色阶梯"。这道阶梯共有八个逐级升高的层级。

阶梯的第一级是最低层次的慈善形式。在这里，人们给予了，却是不情愿的或者事后反悔了。在第二级，一个人快乐地给予，但不考虑慈善捐赠接受者的需要程度。进入第三级，给予是快乐的，也考虑到了需要的程度，但给予者是在要求之下采取的行动。在第四级，给予者在没有被要求的情况下给予，但是将捐赠品交到接受者的手中，这会给那些穷人带来羞耻感。在第五级，向给予者隐瞒接受者的身份。现在，需要帮助的人不必因为被给予者视为穷人而觉得丢脸。更进一步，在第六级，向接受者

---

1. 迈蒙尼德斯（Maimonides, 1138—1204），中世纪犹太哲学家、医生、神学家，生于西班牙，后在埃及长期从事哲学研究并行医。

隐瞒了给予者的身份。例如，给予者可能会匿名将捐赠品留在接受者的家里。在阶梯的第七级，将前两级的优点结合在一起，这样给予者和接受者都不知道另一方的身份。当时，在耶路撒冷圣殿里有一个房间，叫作"静默室"。在这里，想要捐赠的人可以匿名留下他们的捐赠品，让那些有需要的人同样以匿名的方式取走。第八级，也就是最高的一级，是防止贫困，从而避免对慈善行为的需求。这可以通过向某人传授一门手艺、让某人开始经商，或者提供一份赠品或贷款来实现，如果这能让此人靠自己谋生的话。通过让这个人培养他或她自己的才能，满足自己的需求，给予者就避免了让接受者感到被施舍、无力或羞愧的风险。

"慈善事业的金色阶梯"承认以正确态度作出捐赠的重要性。记住这一点，我们便可以理解为什么"只有死人才会失去希望"故事中的富人没有给予。他进行捐赠的动机不仅是无趣的自私自利，希望自己不会在未来遭遇困境，而且是基于他对穷人的绝望状况的错误看法。相比之下，雷布·纳楚姆克的善举是如此的巧妙，事实很快就会证明这根本就不是慈善。

纯粹的赠品如何与物质和精神世界发生关联

慈善行为就是将捐赠品从物质世界转移到精神世界，在物质世界中，个人所有权是规则，在精神世界中，爱筵为每个人提供了一份大自然的恩赐。在这一点上，慈善就好比丰收仪式，通过传递将献祭的物品转变，使其回归精神领域。这种流通带来了更新。耶稣基督在最后的晚餐上，按照这一流通的原则，移动面包和酒跨过了物质世界和精神世界的界限。所以他指着饼说："你们拿着吃，这是我的身体。"这酒"是我立约的血，为多人流出来，使罪得赦"。通过要求门徒以这种方式分享面包和葡萄酒，耶稣为他们提供了一个仪式，能使这个世界的食物提供精神的滋养。

钱的问题也大致如此。在其他教派中，面包和葡萄酒被认为是耶稣的身体和血液，而在罗马天主教和英国国教的仪式中，金钱可以通过什么方式转化为面包和葡萄酒呢？通过什么样的方法，我们可以从现代市场经济中把金钱抽离出来，并让它在传递中跨过物质与精神的边界呢？如何才能让金钱为内在资源和内心财富的增长服务呢？

一个令人着迷的当代现象是传道者对广播和电视的娴熟利用，他们向人们承诺救赎并恳求人们捐出美元。这些媒体福音传道者经常重复的一句话是，没有什么能像给予那样治愈身心，他们也不会羞于说出这些钱应该汇往哪个组织和什么地址。虽然这些牧师中可能有一些是真诚的，但也有一些人因为欺诈、将资金挪用于个人用途和逃税而被判处长期监禁。向这样一位牧师，或他的教会或基金会捐赠，能有助于我们释放内心的丰富并使其流入世界吗？

之前，我们已经看到，金钱和市场经济的发展很可能得到了宗教朝圣者的需求助力。在远离家乡的地方，这些朝圣者不仅需要为食物和住所付费，还需要在仪式过程中支付适当的贡品和捐献。今天，世界各地的宗教人士继续前往耶路撒冷、麦加和贝拿勒斯[1]等城市的圣地。以贝拿勒斯为例，每年都有数十万印度教朝圣者来到这座恒河岸边的城市，他们前来的目的各不相同，比如为死者举行仪式、获得恩惠、赎罪，或者仅仅因为朝圣是一项功德。

朝圣的一部分涉及给予祭司"达纳"（dana），即纯粹的捐赠，由他们帮助举行各种仪式。"达纳"是自愿奉献的，不期望任何回报，不论是物质或精神上的奖励。"达纳"的理想接受者是婆罗门祭司；除非把"达纳"交给这样一位祭司，否则很多仪式会被认为是无效的。"达纳"本身不是对祭司的报酬，而是在被称为"达克西纳"（daksina）的报酬基础之上的捐赠。

这貌似很简单，只是接收"达纳"会给祭司带来道德上的风险。这种纯粹的捐赠带来了捐赠者的罪恶。无论捐赠品是祭司偏爱的金钱，还是其他物品，接受捐赠的祭司同时也接受了捐赠者的罪恶。只有当祭司严格地执行某些仪式，并将超过这笔"达纳"价值的东西给予其他人，这些带着罪恶的捐赠才能获得净化。

一般来说，既然祭司需要利用他们收到的东西维持生活，而且他们可能既不懂得复杂的清洁仪式，也没有时间进行这种仪式，所以收到"达纳"会让作为祭司的接受者陷入无休止的罪恶积累。我们了解到，这些无法消解的罪恶会让祭司早逝，而且是非常可怕的死状。

捐赠者也不能免除道德风险。他们必须找到一位声望卓著的祭司。这是因为捐赠者要对祭司如何使用这笔钱负责。因此，如果牧师贪婪地使用捐赠品，而不是将其净化以后再给予出去，那么捐赠者将会遭受痛苦，并与祭司一同堕入地狱。

---

1. 印度北部的一座城市，是印度教的圣地之一。

"达纳"的理想状态是让金钱进行快速的循环。它会从一个捐赠者传递给一个祭司，而一俟祭司完成清洁仪式，它就得以增加并再次作为捐赠品给予其他人。在这个精神领域中传递的金钱数量将不断增加，当然，它肯定不会被囤积或成为以营利为目的的风险资本。由于这种理想状态很少能实现，用于达纳的金钱便归于徒劳。如果囤积起来，它会被蚂蚁吞噬。如果用于生意，生意将会失败。

有许多赠品并不是"达纳"，因此就没有携带道德风险。期待回报的赠品，比如送给朋友的礼物，不是"达纳"。送给乞丐（或苦修者）或为了维护寺院的捐赠也不被视为"达纳"，即便其中同样没有回报。

如果我们仔细思考"达纳"，就会发现它来自一种颇有价值的见解。我们采取什么方式获得那些用于捐赠的金钱，或者更一般来说，我们生活的方式如果应当受到谴责，那么给予穷人又有何价值呢？如果不想把我们的罪分送出去，那么也许我们可以进行"非人格化的"、纯粹的捐赠，这也必然就是"达纳"。但是如果我们把捐赠品送给滥用它的某个宗教组织或个人，我们就没有真正实现慈善捐赠的目的。因此"达纳"的概念意味着一种更高层次的责任，让我们得以了解捐赠的过程。

贝格派

英语的"乞丐"（beggar）一词源于佛兰德的贝格派（Beghards），

这是一个建立于13世纪的宗教组织，它的修士以乞讨维持生计。中世纪最著名的托钵修会有方济各会、多明我会、加尔默罗会和奥斯定会。但是，行乞生活古已有之，"mendicancy"这个词源自拉丁语中的动词"medndicare"，即"行乞"。早在吠陀时期（大约始于公元前1500年的印度），婆罗门祭司在乞求施舍时遵循严格的规则。古希腊人和罗马人也有乞求施舍的祭司。随着中世纪的结束，乞讨施舍物的习俗在西方世界逐渐消失，但在世界上其他一些地方，则一直延续到今天。例如，在印度教徒中，断念者没有住所或财产，不停地流浪（除了雨季的四个月时间），独身，乞讨食物和其他生活必需品。对于这样一个断念者来说，最好的家就是在大树底下。

依赖他人施舍的乞讨者能得到什么好处呢？本质上，这个人是在展示自己的信仰，相信会得到神的供应，并切实遵循耶稣的话："你们要先求他的国和他的义，这些东西都要加给你们了。"乞讨者是社会的一部分，他们给社会带来什么好处呢？乞讨者为他人提供了给予的机会，从而让这些人释放内心之丰富。如此一来，乞讨者的虔敬生活和生存现状本身就成为社会福祉的反映。

托钵僧的角色并没有在宗教改革运动中幸存下来，功德银行的概念（这种功德通过给予救济品而获得，以未来的精神回报为目的）和接受救济者的品行都受到严格审查。因此，像本杰明·富兰克林、安德鲁·卡耐基和约翰·D.洛克菲勒这些人更愿意利用他们的财富和精力创立基金会、大学、医院和图书馆等机构，以改善普罗大众的生活。今天，我们城市化的后工业社会几乎没有地方容纳那些选择贫穷的人，其中许多人正是因为商业活动的运行才陷入贫困。

第五章 财富之源：对供应获得一种新认识

然而，行乞者将自身奉献出来作为接受施舍的容器，大实业家奉献他们的财富以发展改善人类生存生产条件的制度，他们都参与了明智的金钱流通。双方都赞同财富的流通可以提高所有人的福祉这一原则。双方都找到了一种方式，可以把金钱从市场上抽离并转移到精神领域，金钱的流通将在那里服务于和金钱的神圣起源相一致的目的。

标志

在给予的体验中，金钱是一个标志。从我们让金钱开始流动的地方——不论是流向那些需要帮助的人，还是资助慈善、宗教和教育组织——我们意识到，我们的爱、理解、同情和无私的志愿工作也可以流动。这些牺牲让我们不再崇拜仅仅是一种工具的金钱，并向我们展现了人类的相互依存和内心之丰富的现实。

在我们内心财富的源头，我们的富有表现为各种形式。给予金钱帮助他人，改善社会，是跨过边界寻找隐秘的田野宝藏的方法。奉上我们的感情和时间是另一种方式。但是达成这种丰富的内向途径还有很多，祈祷、冥想、艺术创作的喜悦，以及充满创造力的探索。

针对自己那些贫穷的侧面，我们能够给予一项重要的馈赠。正像荣格从代表他自己永恒天性的那块石头中学到的，我们也可以从体验内心之丰富的过程中学到一些东西，努力进行自我疗愈。斯克鲁奇拥有"现世圣诞之灵"的活力与富饶，当跨过边界进入自己的精神世界,他发现并带回了属于自性的丰饶财富用于自我疗愈。这种跨越边界的做法对我们所有人都有价值。即使是在世界上最富裕的社会里,我们中的许多人也会经历内心的贫困,感觉我们缺乏自尊,感觉我们没有被爱或没有能力去爱,感觉我们并不可能是自己的全部,感觉我们不完整。

这一章和上一章都是从磨坊主的故事开始。他卖掉了所有的东西去买金子。作为一个吝啬鬼的他随后把这种珍贵的物质埋藏起来,拒绝让它在世界上传递。因为他无法将自己的能量转移到这个世界当中,所以他不能从我们与他人的交换中得到补充(无论是金钱、食物还是情感)。他埋葬了自己的灵魂,失去了心灵的成长潜力。

在心灵的领域中,没有静止不动的地方。如果我们不能成长——成长是对我们的自然之丰富的认识,是对我们最真实、最深刻的本质开始了解与接受——那么我们就失去了宝贵的财富。某一个夜里,或者一夜连着一夜,某个小偷会来偷走我们的东西。但是,如果我们有幸听从一位聪明邻居的建议,就可以在小偷劫掠造成的空洞中埋一块石头。有一天,我们可能会听到石头说了几句话,假如我们敢于作出回应,谁知道会从里面挖出什么样的财富呢!

第六章

遗产：属于父母的真实的和象征性的财富

第六章 遗产：属于父母的真实的和象征性的财富

从前有一个人，他非常刻苦地工作了 20 年，创办了一家企业。虽然辛苦的工作使他由穷变富，他却发现自己 20 岁的儿子不愿意工作。当父亲谈到努力工作和成功的乐趣时，儿子回答说，他可不愿选择一项职业，因为父亲为他提供了一切。父亲爱自己的儿子，希望他知道工作和成功的快乐，于是变卖了自己名下的全部财产，把所有的钱都捐给了慈善机构和穷人。然后他告诉妻子和儿子，他在糟糕的商业交易中失去了一切，他们家变成穷人了。

父亲最后还是失望了，他希望儿子现在会愿意去工作，可儿子解决贫困问题的办法却是，准备和一个富家女结婚，这个女朋友能给他带来 20 万美元的订婚礼金。在把儿子赶出家门以后，父亲发现再也找不到动力去为自己挣来第一桶金了。因为剥夺了妻子和儿子享受其财富的机会，这位父亲深感内疚，决定从一座桥上跳下来自杀。

以上情节出自一部有趣的电影，这部名为《跷家的老爹》（*For Richer, For Poorer*）的电影以倒叙的形式展开，片头是一个曾经很有钱的人要从桥上跳下来。有个无家可归的女乞丐走上前，向他索要现金和手表，说他不再需要这些东西了。即使在死亡的那一刻，此人也逃不过对仅剩的一点财产进行处理。意识到自己不能跳下去，之后他便和这个乞丐成了朋友，把自己的故事告诉了她。

关于金钱的继承，《跷家的老爹》中的家庭互动关系道出了某些事实。因为自己很有创造力，也很成功，挣钱的那一代人拥有一种满足感。下一代继承了这笔钱，但往往缺乏进取心，最终很难找到奋斗的理由。财富能满足他们物质上的需求，却很少能让他们取得媲美父母的成就。作为在19世纪积累了巨大财富的科尼利厄斯·范德比尔特[1]的一位后人，威廉·K.范德比尔特认为，来自继承的财富是幸福的一大障碍。它意味着失去进取心，就如同可卡因会让人道德沦丧那样。如果继承人希望克服这些障碍，那么他或她面临的挑战就是将转变与金钱的关系，以及与挣下这些金钱的父母之间的关系。

看待继承的更大视角

在这一章中，我们将从更广泛的意义上，将遗产看作一种从

---

1. 范德比尔特是美国最富有的家族之一，科尼利厄斯是其创始人，以运输业起家，被称作美国的"铁路大王"。

父母或家庭那里获得的东西，无论具备生命与否，可以表现为金钱、情感模式、道德价值观或教育等各种形式，能够从一代人传递给下一代人的东西。继承人可能会继承父母无法面对或解决的问题，而即便是少量的金钱和财产也能承载情感的重量。孩子在父母生前向他们寻求的爱，或许也可以到父母去世后的遗嘱里去找寻。遗嘱是父母的最后声明，通常是在兄弟姐妹之间，最终划分出父母能为每个孩子提供什么。

赚取金钱的动力当然不同于控制金钱对人的影响的那种力量。在这部电影中，父亲希望儿子追随自己的脚步，却忽略了家庭与金钱的关系。对于每个人都依赖他的赚钱能力这一事实，父亲颇为珍视。也就难怪他的儿子和妻子没有兴趣挣钱。他们享受着父亲从未珍惜过的闲暇时光。从某种意义上说，父亲的生活是片面的，他一心投入工作，没有能力享受无所事事的乐趣。他肯定觉得儿子和妻子懒惰，他们只是存在于父亲生活的其中一个方面，而父亲是不可能只为自己而活的。

也许，父亲渴望儿子树立远大抱负的想法根本就与儿子无关。或许只是因为父亲越来越渴望怠惰，要休息一下，想为自己寻找另一种生活方式。这位父亲有个监督员工的办法，通过化装，趁员工不知情的时候检查他们的工作效率。这些精心设计的伪装暗示了他对生活中未曾实现的其他可能性的幻想。

我们可以把在桥上走过来的那个乞丐想象成这位父亲的一个镜像。乞丐的形象暗示他的某个侧面是一贫如洗的。他对金钱的乐趣只在于赚钱的过程，但他意识到即便这种乐趣也已经从他眼前消失了，他需要进入没有金钱和工作的乞丐的世界。在电影中，他就是这么做的，消失的两年时间里，他游荡于全国各地，在漫长的旅程中，能找到什么工作他就干什么工作，有很多时间甚至根本就不工作。他给妻子寄过一点钱，却连一个字也没有写过。金钱的价值不再是其购买力，而成为一种交流的方式。

当他回到家时，发现妻子和儿子两个人都在工作。他的妻子因不再依赖父亲或丈夫的支持而体验到成功的乐趣。他的儿子靠着从离婚协议中得到的 500 万美元生活，但已经认识到工作是社会的一种形式。儿子缺乏父亲的才干，且出于理想主义的缘故去当了一个服务员。最后，父亲相信自己并不一定是那个唯一工作的人，他可以放松下来，发现自己身上缺乏雄心壮志的那一部分，提供了难以衡量的内在回报。只有找到自己的这副新面孔，他才能承认，他的妻子和儿子发挥了各自的工作潜力。

这部轻喜剧深刻地反映出财富所带来的普世问题。这位富人象征性地死在了那座桥上。虽然并没有跳下去，但是他开启了一个彻底转变的过程，成为一个崭新的人。同样，他的儿子和妻子也找到了新的生活。他们已经成为生活中的初学者，发现了新的命运。

金钱的致命力量

《跷家的老爹》中有一点或许很不同寻常，这一家人在每个人都还活着的时候就对财产、角色和感情作出了某些决定。金钱，不管金额大小，更经常的是只有在死亡时才会发生转移，要么就是作为一直关注着死亡临近的遗产规划的一部分。"遗愿"

第六章　遗产：属于父母的真实的和象征性的财富

（will）和"遗嘱"（testament）作为一种工具，将死之人通过它来指示活人如何处置财产，这两个词都可以从性事中找到根源。作为它们的起源，"遗愿"暗示的是给予身体上的愉悦或感官上的享受，而"遗嘱"所说的是睾丸的生殖能力。

在这里，我们再次看到了性，或者是生殖和生产的能力与死亡之间的令人困惑的联系。这在很大程度上，就是我们在丰收仪式中探索的，与死亡孕育生命的无休止循环之间的联系。因此，希腊的冥界和死者之神哈迪斯同时也是财富之神。他戴着一顶让自己隐形的头盔，毫无恻隐之心地统治着与他本人同名的阴曹地府，同时掌管着所有活人的死亡。他的绰号还包括"富有者"和"财富给予者"。为什么金钱作为一项财富会成为阴间的一种物质？这又意味着什么呢？

死亡的人不能通过金钱转移其生育能力。因此，我们无法通过遗嘱获得生育力，而只能获得财产。从这个角度看，财产是生育力的残留物。财产或金钱并非供应的来源。设想一下，如果继承的财富是生育力，而不是对本人内心之丰富的追求，这便会导致被动和不育。死去的父母的遗嘱可能会压倒孩子的生命力。作为一个19岁或20岁的人，如果父母已经为他准备了足够花一辈子的钱，那么他还会有多大的概率能够满怀雄心壮志去超越这一现实呢？在这样的家庭里，必须教导孩子树立无关乎金钱的抱负，譬如服务他人的志向，只有这样才能逃脱金钱的致命力量。

理解金钱的致命力量，以及如何转化这种力量，可能会有助于我们前往哈迪斯统治下的冥界。为了理解我们继承了什么，为了明白我们是谁，以及我们与父母之间有何不同，有时候我们不得不沉入阴间。如果能够完成这段旅程，我们就可以回到日常生活里，因为我们的勇气而更加智慧。

被希腊人称为哈迪斯的神，罗马人谓之"冥王"。在我们的太阳系中，冥王星是距离太阳最远的行星[1]，也是最后发现的一颗行星（发现于 1930 年）。它比水星和月球还小，它的轨道使其距离太阳的温暖与光明有 46 亿英里之遥。1978 年，天文学家发现冥王星有一颗卫星，将其命名为"卡戎"。在希腊神话中，卡戎是一个船夫，负责把死者的灵魂通过冥河摆渡到阴间。后来，天文学家在 1988 年发现冥王星有一层稀薄的由甲烷构成的大气层，从 21 世纪 20 年代开始，这层大气将冻结在冥王星的表面，并持续两个世纪。

冥王星不是我们想去的地方。事实上，对于可怕的冥界之神哈迪斯统治的阴曹地府，也许冥王星是一个非常恰当的意象。那是一个黑暗而冰冷的国度，远离我们在阳光下的日常生活中的所思所想，只有在面临最极端的威胁时，我们才会冒险去到那样一个地方。

珀耳塞福涅的冥界之旅

然而，通往阴曹地府，通往我们内心的潜意识的未知领域的旅行，其中值得肯定的一方面是，我们可能会发现自身的创造力和复兴的源泉。明白了这一点，我们便可以来看一个神话故事，

---

1. 国际天文联合会（IAN）已在 2006 年将冥王星重新划为矮行星。

第六章 遗产：属于父母的真实的和象征性的财富

它展示了那些形塑了阴间，并进而形塑了人类潜意识的力量。这个神话是关于哈迪斯绑架了宙斯和丰收女神得墨忒耳的女儿珀耳塞福涅。

随着这个神话的展开，请记住我们是在更广泛的意义上谈论遗产。我们继承的不仅仅是金钱，也不只是在死亡发生时才能得到，而是我们在整个一生的时间里从父母身上获得的，无论好坏的一切东西。当我们检视这样一笔遗产时，我们得到的某些东西将真正属于我们，值得保留。如果想要继续我们自己的生活，就必须学会放弃余下的那些东西。

在这个故事里，众神的统治者宙斯允许他的兄弟哈迪斯与珀耳塞福涅结婚。于是，有一天，当珀耳塞福涅伸手去采摘田野里的一朵水仙花时，地面裂开一道巨大的裂缝。哈迪斯骑着由神马牵引的金色战车，从黑暗中现身，掳走了珀耳塞福涅。

珀耳塞福涅又哭又叫，得墨忒耳听到了女儿的声音，她在凡间不停地寻找了九天，直到最后才得知珀耳塞福涅被绑架了，而且宙斯允许哈迪斯娶她为妻。虽然哈迪斯是统治着全部世界的三分之一的一位国王，但得墨忒耳悲痛至极，对宙斯的满腔怒火促使她离开了众神的家园奥林匹斯山，来到人类的世界漫游。她疏于照料自己，最后看起来竟像一个贫苦不堪的老妇人，坐在厄琉西斯镇的圣女井旁。国王克勒俄斯的女儿们来井边打水。出于对这位老妇人的同情，她们请求并得到了母亲的允许，邀请得墨忒耳留在王宫里。

克勒俄斯国王刚生下一个儿子，名叫得莫丰，他的妻子墨塔涅拉将这个孩子交给得墨忒耳照料。在得墨忒耳的看护下，得莫丰像神一样地长大，这使他的父母大为赞叹。可是，他们并不知道，为了让这个孩子得到永生，得墨忒耳每天晚上都会把他悬吊在熊熊烈火之上。一天晚上，墨塔涅拉看到了这一幕，她哀叹自己将失去这个儿子，悲痛万分。

被激怒的得墨忒耳把婴儿放在火炉旁的地板上，透露了自己的女神身份，并告诉墨塔涅拉，这个男孩本来是可以长生不老的，但现在却只能像所有人一样死去。她说自己是一位仁慈的女神，能给人和神都带来欢乐，然后指示众人在厄琉西斯为她建造一座巨大的神庙和祭坛。作为回报，她将向人们传授她的神圣礼仪。

克勒俄斯国王把人民召集起来一起建造神庙。但是当他们完工以后，得墨忒耳只是坐在神庙的围墙以内，哀悼她的女儿珀耳塞福涅。她让种子不再发芽，万物不再生长，人们遭受了极其痛苦的一年。宙斯担心无人再向众神献祭，派出一个又一个神，请求得墨忒耳返回奥林匹斯山。众神恳求她，送她礼物，但都被她拒绝了。

最后，宙斯决定派一个信使到冥界去找哈迪斯。他选择了希腊人称为"赫尔墨斯"，罗马人称为"墨丘利"的神。这位英俊的神手持一柄黄金权杖，经常被刻画为头戴有翅膀的头盔或脚踩有翅膀的草鞋，以表明他可以穿越所有的世界，从天堂到凡间再到冥界。他被称作众神的使者，经常被从奥林匹斯山派出去求助。

赫尔墨斯是边界之神，是在凡间为旅行者提供保护的神。因为早期的旅行者主要是大商人和小贩，他也被称为商业之神，是商业关系所设定的边界之神。他在阴间充当灵魂的向导，是带领我们从已知世界跨越到未知世界的神。对于那些在内心中旅行的人，赫尔墨斯也作为向导帮助人们跨越那些之前从未见过，当然也从未想过要跨越的边界。

当赫尔墨斯到来的时候,他可以用手中的金杖使我们沉睡或苏醒。有一种危险就是我们将永远地迷失,像得墨忒耳一样悲伤,像珀耳塞福涅一样被困在冥界,或者像《跷家的老爹》里的那位父亲一样在高速公路上奔波多年。但是,如果我们敢于忍受这趟艰辛旅程,我们可能就会被内在的那些新鲜和丰富的东西唤醒,因为赫尔墨斯有能力将邪恶转化为良善。他是"恩典的给予者、我们的引路人和美好事物的赐予者"!换一种方式来表达就是,如果我们知道自己会需要什么方式的疗愈,我们自身便会拥有巨大的治愈力。

赫耳墨斯从奥林匹斯山跃入冥界的深处。在那里,他找到了哈迪斯和悲伤地渴望回到母亲身边的珀耳塞福涅。哈迪斯听说宙斯下令释放珀耳塞福涅,他顺从地微笑着,恳求珀耳塞福涅把他当作一个值得珍爱的丈夫,要时不时回来探望一下。

珀耳塞福涅高兴地站了起来,但哈迪斯走到她身后,将甜甜的石榴籽塞进她的口中。然后,赫尔墨斯把珀耳塞福涅从黑暗王国带回来,并留在厄琉西斯的宏伟神庙中。得墨忒耳怀着幸福的心情拥抱着女儿,但她问出来的第一个问题是,珀耳塞福涅是不是在冥界吃了什么东西。当她得知女儿已经吃下了石榴籽,就明白珀耳塞福涅必须要返回冥界。

此时,宙斯派他自己的母亲瑞亚来到全部土地都被撂荒的凡间。瑞亚带来了宙斯的承诺,珀耳塞福涅可以和得墨忒耳一起度过三分之二的时间,但是余下的三分之一时间要和哈迪斯在一起。瑞亚恳请得墨忒耳允许谷物再次生长,为人类提供滋养。

得墨忒耳同意了,大地再次披上了植被。这位女神信守承诺，在厄琉西斯向她的崇拜者传授其礼仪。这些礼仪所关注的是生命的不朽，它们是如此神圣，以至于将它们的内容向外泄露便会遭到死刑的惩罚。得墨忒耳还把农业知识传授给人类，让他们更好地发展。只是一年中有三分之一的时间，当珀耳塞福涅必须生活在冥界的时候，得墨忒耳才收回她的丰富滋养。当然，那就是冬季。

当人类忍受寒冬之时，珀耳塞福涅坐在她的冥界宝座之上。她是阴间的女王，可怕的哈迪斯的妻子，两个人一起统治着死人和财富的疆域。由此，她便已长大成人，不再仅仅是一个女儿，而是发现了她本身的力量和作为王后的角色。

我们从这场冥界之旅中领悟到什么

有一个美丽的绰号同时用在得墨忒耳和珀耳塞福涅两个人的身上，那就是"卡波佛鲁斯"（carphorus），即"结出果实"的意思。母亲和女儿都是那些生长出来并提供滋养的果实的携带者。换一个角度看，母亲和女儿有着相同的本质，是合二为一的，她们都是丰收女神。然而，得墨忒耳缺少了一个关键部分，她可以提供生命、丰饶与活力，但她似乎不再与死亡发生关联。即使是她这样一位强大的女神，也与现实的某个方面脱节。她希望与珀耳塞福涅长相厮守，这样女儿就不会经历死亡或重生。她想让幼小的珀耳塞福涅永生，但是她不明白，人类由于自身的天性必须接受死亡。

第六章　遗产：属于父母的真实的和象征性的财富

就像《跷家的老爹》中那位父亲一样，得墨忒耳不曾直面死亡、生产能力的缺失和下一次生长之前的间歇。她尚未应对无所事事和冬季的休闲。正像通常的情况，孩子必须处理父母拒绝面对的事情。这是珀耳塞福涅所继承的遗产的一部分。得墨忒耳的无尽丰饶迫使珀耳塞福涅直面死亡、空虚和冬季。珀耳塞福涅必须进入那个黑暗而压抑的疆域，那里的大气会在其表面冻结两个世纪。

我们可能会问，作为众神中的统治者或发号施令的权威，宙斯为什么允许哈迪斯对珀耳塞福涅施加痛苦。神话从未解答这个问题，但似乎孩子与父母之间的和谐统一注定要被打破，孩子必须独立。我们可能会发现，由于自身天性的发展，我们被迫做出的改变是多么的可怕。随着我们经历了被迫放弃旧有的、过时的身份，这种危机往往在中年时到来。那些随着时间推移不再适合我们的身份或许可以取悦我们的父母。这可能就是我们从他们那里继承下来的一部分遗产。然而，我们自身力量的萌发，我们对自己本质上是谁的自我感觉，可能会迫使我们放弃在许多方面既安全又有价值的东西。

当这种力量第一次现身，我们会感觉到黑暗、沮丧和无所适从。我们不喜欢改变，即使这种改变来自内心。

无论男女，人们都经历过这种潜意识的物质上升到意识中的过程。哈迪斯将我们带入阴间。当我们像珀耳塞福涅一样回到光明之中，我们已对黑暗有所认识。我们变得更加完整，对于我们究竟是谁、我们到底是什么，都有了更充分的理解。因此，代表着我们内心秩序的最高原则的宙斯，允许巨大的精神暴力服务于成长。

珀耳塞福涅是"结出果实的"女神，哈迪斯喂她吃水果，就是通过侵扰迫使她吃下自己的天性。她正在吸收自己，变成自己。在此过程中，她向自己的母亲，只接受丰饶与不朽的得墨忒耳表明，生活所包含的远不止这两者。通过珀耳塞福涅的堕落，象征着我们自身的丰饶那一侧面的得墨忒耳将悲伤与死亡联结在一起。这种生活中的无用方面的整合使我们更加现实和完整。而且，石榴也不是随机选取的一种水果。许多古地中海地区的民族相信石榴籽具有避孕的功效。因此，珀耳塞福涅吃下去的石榴籽的数目相当于冬季里贫瘠月份的数目。然而，石榴的红色汁液和多籽的特点也被认为象征着子宫的丰盈和生育能力。所以珀耳塞福涅吃下的是自己的性事，她在冥界之旅中发现了为什么自己是既贫瘠又富有的。

当我们吃掉了自己天性的一部分，我们就越来越成为我们自己。炼金术士（借用诺斯替教派的说法）所利用的乌洛波罗斯的形象是一条吞下了自己尾巴的蛇。许多蛇生活在地下的黑暗之中，所以蛇象征着插入进入冥界的能力。通过吞食自己，炼金术士的蛇以它的嘴咬住自己的尾巴，构成一个圆环，这是一个具有完整性的形象。当我们吃掉一部分自己的天性，我们既是在自我吞噬，也是通过这种环形的意象而变得完整。允许我们在阴间与自己相遇需要极大的勇气，相比之下，责备自己的父母和不要吃下石榴籽可能会更容易一些。

冥界之旅的其他几个方面也值得一提。我们可能需要一个向导，一个赫尔墨斯，仅仅是为了找到通往冥界或我们潜意识的入口。这个向导可以有很多形式，如梦中的人物、精神领袖或精神分析师。在许多文化中，人们给死者一枚硬币或一些钱财，让他

第六章　遗产：属于父母的真实的和象征性的财富

们在旅途中随身携带。因此，冒险进入潜意识就不得不付出一定的代价，我们还必须带上一些贡品，当我们见到坐在她的丈夫哈迪斯旁边的珀耳塞福涅时，可以用来安抚这位可怕的王后。

举例来说，在《埃涅阿斯纪》[1]中，埃涅阿斯向一位女先知寻求帮助，以便堕入冥界探望他的父亲。此时，他必须首先找到一根黄金树枝，带上它作为献给珀耳塞福涅的贡品。这根作为贡品的金枝是如此神圣，以至于船夫卡戎别无选择，只好将埃涅阿斯带过冥河，而其他许多亡灵却要等上几百年才能通行。

埃涅阿斯还必须为守护地狱之门的怪兽克鲁贝洛斯献上一些贡品，这是一只长着蛇尾巴的三头猎犬。女先知将一小块浸了药的蜂蜜和玉米扔给它。怪兽一口吞下，然后就在埃涅阿斯经过时睡着了。最后，埃涅阿斯把金枝献在珀耳塞福涅的祭坛上，向这位冥界的女神致敬。他在见到父亲的时候，三次试图拥抱，却都扑了空。父亲告诉他，那些在冥界喝了忘河之水的人会忘掉一切，注定要过另一个人的生活。

从起源上，墨涅塔这个名字就表明了记忆的重要性。金钱和冥界之旅一样需要我们记忆。如果我们喝了忘河里的水，就会忘记我们经历过的一切，更广义地说，我们甚至会忘记父母和祖先的经历，不管我们的遗产是什么，我们都无法改变，只有将它们记住，我们才能把理性的力量加诸我们自己和家人的身上。只有这样的仔细观察才能防止我们产生错觉，避免对那些陈旧的形象误以为真。因为如果我们受制于过往的经历，比如童年时与父母

---

1. 古罗马作家普布留斯·维吉留斯·马罗（通称维吉尔）创作的一部史诗，取材于古罗马神话传说，讲述了埃涅阿斯建立罗马国家的故事。

的关系模式，我们就无法避免一次又一次地重复这种模式——本质上就是一次又一次地经过同样的生活，却不能获得精神上的领悟。

另外，当我们从阴间返回的时候，必须忘掉在那边的经历和见闻。记忆就是将各个部分拼凑在一起的过程，一种重建我们自身的过程。于是记忆便带给我们能够促进成长的理解。当我们回顾在冥界的经历，就理解了这所有的经历虽然有很大一部分是痛苦且可怕的，实际上也是必需的，是对我们具有疗愈作用的。

举例来说，克鲁贝洛斯是神话中最大的怪物之一，是一条体形硕大骇人的三头猎犬。但是我们不要忘了，狗是人类的朋友。作为人类最先驯化的一种野生动物，狗已经成为人类大家庭的一员。所有梦境和神话中的狗似乎都会站在有益于人类发展的一边。克鲁贝洛斯这条狗是在保护我们不要落入我们尚未做好准备去体验的那部分潜意识当中。它是令人生畏的，但它是在为我们服务。在 T. S. 艾略特的《荒原》(*The Wasteland*) 中，讲述者谈到一具已被埋葬的尸体，人们宁愿避开的人生的某个方面，而尸体本身可以发芽和开花。讲述者警告说，对人友善的狗应当远离这样一具尸体，因为狗会把我们掩藏起来的东西不断地挖掘出来。

有时候，作为我们的朋友和帮手的狗，就像克鲁贝洛斯这样，试图保护我们不去知晓冥界的情形；其他时候，对于我们宁愿埋葬的潜意识素材，这样一条狗会坚持把它们挖掘出来给我们看一看。当我们准备好跨过克鲁贝洛斯把守的这扇门，我们就准备好面对隐藏在潜意识中的我们自身的某些方面。

在《埃涅阿斯纪》中，女先知喂给克鲁贝洛斯的那块浸过药的面包是由蜂蜜和玉米粉制成的。有意思的是，是女先知而不是埃涅阿斯麻醉了这个可怕的门卫。从某种意义上讲，我们身上作为先知的那部分，能够看透我们自己未来的那部分，就是知道何时应当麻醉潜意识之门守卫者的那一部分。埃涅阿斯就如同我们的自觉意识。我们并不是自觉地知晓面对潜意识素材的正确时机，但是我们可以和埃涅阿斯一样，一旦这种挖掘开始，就勇敢地坚持下去。此外，既然得墨忒耳是谷物之神，用玉米麻醉克鲁贝洛斯就表明，正是我们天性的丰富，让守门人恰好在我们要进入的时候昏睡过去。

冥界或潜意识经常以悖论进行自我表达。所以克鲁贝洛斯不仅是一只狗，而且还是一条蛇。正如 D. H. 劳伦斯在他的诗《蛇》（*Snake*）中所说的那样，蛇"就像一个流放中的国王，被废黜到了地狱，现在应该再次加冕"。所以怪物具有双重性质，一面是友好的狗，另一面是冥界的神。克鲁贝洛斯这个名字与乌洛波罗斯一词相似，表明克鲁贝洛斯的天性中作为蛇的那部分包含着蛇吞噬自己尾巴的圆环形象。于是，我们在冥界之旅中找到了代表整体性和完整性的圆环形象。

金枝象征着我们的已知世界和未知世界之间的神秘联系。对于在浩瀚的森林中找到这样一根黄金树枝，埃涅阿斯感到绝望。事实上，这根金枝是非自然的；它不是来自绿色的植物世界，而是出自冥界中隐藏的黄金。埃涅阿斯能在我们的世界中找到这样一根树枝，这表明他进入潜意识的时机已经成熟。在冥界，他会遇见自己的父亲，了解他的命运，这是属于他和他的后代的遗产。

埃涅阿斯必须献给珀耳塞福涅的那根金枝其实是来自冥界的。他只是把已经属于她的东西还给了她。这使我们对冥界的本质有了更全面的了解。它是存放等待流通的财富的宝库。如果财富不能传递,冥界就真的成为一个冰冷而可怕的死亡国度。

在日常生活中,金枝可以是一个梦、一个记忆或一种感觉,我们通过思考其含义和重要性的过程将它们送回冥界(潜意识)。这样的金枝让我们能够直面从日常生活、家族历史和我们所生活的社会集体中收集到的潜意识素材,而拒绝处理这些素材会让我们的内心冻结成冰。

如果敢于踏上冥界之旅,我们就能带着更多洞见归来。我们会意识到富足和贫瘠不是对立的,而是相互映衬的。丰收的时节和田地休耕的季节也是如此——丰产与无效、生命与死亡——这些都是彼此映衬的。金钱就像一根金枝,是自然界的丰富和我们自身天性的残留或反映。如果我们具有足够的洞察力,也许就能够利用父母的遗产作为我们理解之旅中的祭品。通过这种做法,我们可以把我们的关系转变为遗产,无论我们,还是我们的父母认为它是太多抑或太少。

最后的遗愿和遗嘱:分割财产

我们已在冥界耽搁得太久,让我们回到自己的世界吧,这里的金钱和财产经常令我们迷惑。必须根据遗嘱将财产进行分割的普通人面临着一项困难的任务。他或她的遗嘱是否应该将一些隐藏的,或许是无意的信息传达给那些收到遗产的或者没收到遗产的人呢?遗嘱是否应该试图通过死亡来了结生前无法完成的事项，或是企图弥补自己没有更多地给予？受益人是否理解他们与写下这份遗嘱的人之间的关系呢？抑或这些可能已成年的子女作为受益人是否应该在财产的处置过程中寻求爱和父母的关心呢？遗嘱是死者的最后表达，受益人没有机会就他们的意图和关爱提出问题，除非像埃涅阿斯一样到冥界去找寻他们的父母。

据《圣经》记载，人群中有一个人请求耶稣"吩咐我的兄弟和我分开家业"，此时这个人所说的话代表了我们之中的许多人，他们都觉得自己没有获得足够的给予。耶稣拒绝成为财产的分割者，他回答："你这个人，谁立我做你们断事的官？"然后，耶稣警告这群人："你们要谨慎自守，免去一切的贪心，因为人的生命不在乎家道丰富。"

《伊索寓言》中有一个"父与子"的故事，其中那位智慧而勤劳的父亲在临终前告诉床边的儿子们，他在葡萄园里藏了一批财宝。父亲死后，儿子们在葡萄园里埋头苦干，为寻找宝藏而把土地翻了个遍。他们没有找到财宝，但他们的此番劳作带来下一季非常好的收成，让他们从这场辛苦中收获颇丰。这个故事的寓意是，好的建议就是最好的遗产，尤其是在孩子们既有好奇心，也心甘情愿遵循良好的建议的条件下。

墨丘利与木匠

《伊索寓言》中的另一个故事也很有教育意义。"墨丘利与木匠"这个故事从一个木匠在河里丢了斧子开始。木匠祈求墨丘利帮他找到斧子。当然，墨丘利之前在珀耳塞福涅的故事中扮演了非常重要的角色。墨丘利潜入河中，给木匠带回来一把金质斧子，但诚实的木匠说这把金质斧子不是他的。在又一次潜入河里时，墨丘利举着一把银质斧子浮出水面，可木匠再次表示，这把斧子也不是他的。最后，墨丘利从河水深处带回了一把木柄的普通斧子。木匠很高兴，说那正是他丢失的斧子。墨丘利对穷人的诚实大为钦佩，将这三把斧子都交给了他。

这个故事还有很多内容，因为很快每个人就都听说了墨丘利的慷慨。一个无赖决定抓住这次机会。他走到河岸边开始哭泣，高声喊道，他在河里丢了斧子。墨丘利听到他的声音，便潜入河中，然后拿着一把金质斧子回来，问那人这把金质斧子是不是他的。

"是的，就是这把。"那个人答道。

"你这个无耻的笨蛋，"墨丘利怒吼道，"竟然以为你能骗过一个看穿你内心的人。"

和所有伊索寓言一样，这个故事也包含一个寓意："我们伟大的鉴察人心者[1]不会上当受骗，但他会自己花时间去奖赏或惩罚。"作为灵魂的引导者，墨丘利当然知道，我们什么时候能准备好冒险跨越边界，给我们带来内心的丰富。反过来，我们必须一丝不苟地恪守良知，才能从墨丘利所提供的东西中索取属于我们的那份。

---

1. 原文是"the great sercher of our hearts"，经常出现在《圣经》中，指耶和华。

第六章 遗产：属于父母的真实的和象征性的财富

瓶子里的妖怪

墨丘利被希腊人称作赫尔墨斯，中世纪的炼金术士则称他"梅库里乌斯"。在我们有关遗产的下一个故事里，他将扮演一个重要角色。《格林童话》中的"瓶子里的妖怪"讲的是，一个贫穷而勤劳的伐木工攒下一点钱，供他唯一的儿子上了大学。父亲供儿子上学的动机看上去很好，但他肯定也希望在自己不能工作以后，受过教育的儿子可以照顾他。孩子学习很努力，得到了老师的表扬，可是在他修完全部课程之前，父亲的积蓄就用光了。

儿子回家后，父亲为没有更多的钱表示歉意，事实上，他连一家人每天吃的面包都很难挣到。儿子主动提出帮助父亲伐木，但父亲说儿子干不了繁重的工作，而且毕竟父亲只有一把斧子，也没钱再买一把。儿子劝说父亲借来邻居的斧子，然后他们一起去森林里干活。

中午，父亲提议两人休息一会儿，但儿子说他要去散散步，找一找鸟窝。父亲说如果儿子浪费了体力，就会累得干不了活儿了，但儿子还是去了。他在森林深处转来转去，最后遇见一棵巨大橡树，就算五个人都难以合抱，一定已有几百年的历史了，男孩以为会有很多鸟在它的枝头垒窝。

突然，他听见一个声音大喊："放我出去，放我出去。"他拨开枯叶，在树底下搜寻，终于发现一个玻璃瓶子，里面装着一只青蛙似的动物，不停地叫着："放我出去。"

毫无戒备的男孩拔开瓶塞，一个妖怪钻了出来，越变越大，直到有那棵橡树的一半大小。这个妖怪问男孩，把自己放出来的人能得到什么回报。男孩说他不知道。妖怪说："我要扭断你的脖子。"

无所畏惧的男孩说，如果早知道妖怪是这样报答别人的，他就把妖怪留在瓶子里。

妖怪答道，它的名字是梅库里乌斯，它的魔力强大，男孩的愿望根本没有用。谁把它放出来，妖怪就必须折断那个人的脖子。

男孩回答说，他难以置信像梅库里乌斯这么巨大的妖怪能装进这么小的瓶子里。如果梅库里乌斯能回到瓶子里，证明它的确装得进去，那么妖怪想对他做什么，男孩都同意。梅库里乌斯溜回到瓶子里，男孩迅速用塞子把瓶口塞住，扔回橡树底下。他转身朝父亲那边走去，但梅库里乌斯可怜地哭着想要出来。它向这个男孩承诺让他终生获得好运。

最后，男孩决定冒险一试，也许梅库里乌斯说的是真话，男孩觉得妖怪无论如何都不会伤害自己，于是就打开了瓶子，获得自由的妖怪再次变大。

梅库里乌斯信守了诺言，递给男孩一块布作为报酬。这块布看上去像是绷带，可以贴在伤口上。他告诉男孩，如果用这块布触碰铁或钢，这些金属就会变成银子。如果用它触碰伤口，伤口便会愈合。

妖怪感谢男孩帮助它获得自由，同时男孩也感谢妖怪的馈赠。然后他们就分别了。

男孩回来发现父亲很生气，因为他离开了太长时间。他说自己会把落下的工作补回来，但是父亲不相信。于是男孩用那块布

第六章 遗产：属于父母的真实的和象征性的财富

碰碰他的斧子，然后向一棵树砍去。奇迹并没有发生，变成了银质的斧子不仅没有砍倒那棵树，反而在一击之下折断了。男孩说斧子不能用了，父亲大发雷霆，因为他要向邻居赔斧子。儿子说自己来赔，可父亲骂他是个笨蛋，说儿子的所有东西都来自父亲，自己什么也没有，哪有钱来赔斧子？

不久，儿子提出他们该回家了。父亲不同意，说他还有活儿没干完，不能闲待着。儿子就说，他从来没有进过这片树林，如果父亲不给他指路，他自己找不到回家的路。

父亲忍住了自己的脾气，带着儿子回家了。他让儿子把损坏的斧子拿到镇上去卖掉，同时希望自己能挣到余下的钱，一起赔给邻居。

男孩把斧子拿到金匠那里，对方进行了检验和称重。金匠说这把斧子价值四百塔尔（元），但是他现在只能付给男孩三百塔尔，另外一百塔尔先欠着他。男孩表示同意，带着这笔钱回去了。

邻居要求他们付一个塔尔再加上六个格罗申（groschen）[1]作为这把斧子的赔偿，但是他们付了双倍的钱。然后男孩将一百塔尔交给父亲，说他从此就可以过上轻松的生活，别无所求了。

大吃一惊的父亲问儿子从哪里搞到这么多钱。儿子向他解释了事情的原委，包括他冒险相信了梅库里乌斯，所以获得了回报。

后来男孩完成大学里的课程，剩下的钱依然绰绰有余。得益于能够治愈所有伤口的这块布，男孩最终成为了一位闻名遐迩的医生。

---

1. 指德国地区在古代使用的一种辅币。

我们从家族之树的根部发现了什么

这个绝妙的故事提供了许多有关遗产的见解。这位父亲是个好心的人,虽然生活很艰难,但他尽其所能地攒钱,为的是让儿子能比自己过得更好。我们能从中感受到父亲的信念,即这个家庭拥有迄今所展示的最大潜力。在家族基因中,存在着通过大学教育的培养获得卓越成就的可能性。

然而,父亲很穷。单靠自身的努力,他无法改变这个家庭的命运。他能省下的钱,或者说,他能为儿子提供的生命活力不足以让儿子从大学毕业。虽然父亲的努力很有帮助,但如果儿子仅仅依靠父亲所能提供的财产,他就不得不当一辈子伐木工人。

重要的是,儿子非常愿意成为一名伐木工人,他既不是瞧不起这项艰苦的工作,也没有看低自己的父亲。他并不想因为自己不能完成大学教育这件事怪罪任何人,而这样的指责常常会落到父母的头上。无论父母健在还是已经去世,孩子都可能认为父母的某些缺陷使孩子的生活受到了限制。纠缠于这种观点是没有好处的,因为孩子没有为自己的命运承担起责任,只是继承了父母留下的生活,而不是找到自己的生活。

伐木工的儿子很愿意为自己承担责任,并没有因为无法完成大学课程而自怨自艾。其实从他愿意参加伐木工作这一点上,就可以看出他对父亲本人和父亲这份工作的敬重。父亲对此感觉很矛盾,因为他意识到儿子应该过上更好的生活。然而,从儿子接受父亲的工作表明,儿子尊重他将继承的人,这样的态度使儿子所能获得的遗产远远不止于财产或教育费用。

如果儿子要和他一起伐木，父亲必须去借一把斧子。因此，儿子从父亲那里得到了某种并不属于父亲的东西。这是必须归还或付费的，但在使用斧头时，儿子显示了他可以在多大程度上扩大父亲所能想象的可能性。斧子本身为遗产会带来的危险性和可能性提供了一个意象。斧子既可以用于建造，也可以用于破坏。因此，儿子能够利用遗产来构建或摧毁自己的潜力。

儿子想在森林里寻找鸟窝，而他那更务实的父亲喜欢趁着中午休息一下。儿子为什么要找鸟窝呢？鸟代表着精神，因为鸟可以飞向天空，所以这个男孩是在寻找自己的精神宿命。父亲已经找到了自己在生活中的位置，但是儿子必须冒险进入森林深处找到他本人的位置。通过行走，儿子利用自身的力量展开求索，通过钻进森林的深处，儿子越过了父亲设定的所有界限去找寻自己的天性。

儿子发现的是一棵古老的橡树，它的围度如此之大，以至于五个人的双臂合在一起都无法抱拢。男孩想象这棵巨树的树枝上会有许多鸟窝，但他真正发现的是在它根部的一个装在瓶子里的妖怪。这说明我们所寻找的东西并不总是以我们设想的方式呈现。男孩想象他的精神天赋来自抬头仰望，但事实上，如果他想继承来自家族之树的任何天赋，他必须低头向下，看向冥界。他必须看看这棵愤怒橡树的根部，才能找到那个像斧子一样，可以摧毁或帮助建构男孩生活的精灵。

故事以"愤怒"来形容这棵巨大的橡树，树怎么会愤怒呢？树状的家谱上可以充满愤怒，并且世代相传。父亲有一种直觉，认为他的家庭能够取得比过往更大的成就，但这种潜力还没有得到发挥。也许这个家庭的许多代人都隐约看到了这种潜力发出的微光，但极度的贫困和社会环境使他们很难上升到一个新的地位。父亲对自己未能获得更多收入和成就感到沮丧，他渴望能给予儿子更多，但为此同样感到沮丧。他的沮丧中包含着对家庭命运的愤怒，一种他不知道如何改变的命运。

在家族之树的根部，儿子寻找他听到的呼喊声。他不知道那是谁的声音，只知道那是在呼唤自由。最后，他发现了一个瓶子，有一只青蛙似的动物在里面跳动。如果他没有检查瓶子里的东西，他就会过上和父亲一样的生活，也会带着家人的沮丧和愤怒。但是仔细检视家族历史中被忽略的这一方面是有危险的，它释放出了瓶子里的妖怪。

炼金术士们使用了许多不同的梅库里乌斯的形象，其中有一种是被囚禁在瓶子里的长着翅膀的男孩。这象征着精神囚禁于物质之中的观念。装进瓶子里这种方式，可以控制和检查情绪与感觉，而不是在现实中简单地根据这些情绪与感觉采取行动。这个男孩的内省带来了心灵的理解和成长。

如前所述，梅库里乌斯就是墨丘利或赫尔墨斯，是在冥界之旅中引导我们的神。他既划定了边界，又能让我们跨越边界。凭借手中的黄金权杖，他可以让我们苏醒或沉睡。在这个故事里，他化身为一个精灵，一个封装在瓶子中的妖怪。"精灵"（genie）这个词与基因、生殖、所有格、真正以及天赋等单词有着相同的词根。拉丁语中的动词"产生"（genere）派生出"宗族"（gens）这个词，指的是任何一个男性祖先的所有男性后代，也就是一个家族。

第六章 遗产：属于父母的真实的和象征性的财富

公元 2 世纪，罗马作家阿普列乌斯[1]在《金驴记》(*The Golden Ass*)中写道，有一个人如何通过在生日时向他的天赋献祭以示尊崇。然而，"天赋"这个词在此处的用法与今天大不相同。一个人所祭祀的天赋是家庭的精神，通过对家族的尊敬和崇拜，这种祭祀使一个人在所有方面都变得丰饶。这种天赋将成为一个家庭之神，为一家人提供保护。但是，如果一个人不尊敬这种天赋，它就会对这个家庭不断产生破坏性的影响。

在这个故事里，梅库里乌斯好像是一个调皮捣蛋的妖怪，人们没有向他表示任何尊敬，他的祭坛上也没有任何贡品。面对家族历史中的这种暴力特征，男孩无所畏惧。对更美好生活的追求使他多少为这次会面做了一些准备，但他不知道家族精神会以什么形式呈现，他起初很惊讶，以为自己应该把这种精神禁锢起来。一般来讲，对于处理我们的遗产中那些令人痛苦的方面，这是一种更安全的方法。

然而，这个男孩勇气可嘉。他有一种直觉，即这个妖怪不会伤害他，而且能够信守给他带来好运的诺言。通过第二次打开瓶子，男孩将自己作为祭品献给了妖怪。如果对方折断了他的脖子，男孩就会过上一种破碎的生活——在这种生活中，他的精神与想象力（以头部为象征）和他的情感与本能（以心脏和身体为象征）永远无法形成和谐的统一体。

这个男孩冒着生命危险，把梅库里乌斯转变为一个保护神，一个仁慈的家庭之神。这个男孩并不只是一意孤行地尊崇他个人

---

1. 阿普列乌斯（Apuleius，约公元 124—170），罗马时期马柏罗拉图派哲学家、修辞学家及作家。他所著的散文叙事作品《金驴记》记述了一个被魔法变成驴的青年的经历。

的天赋，而是在尊敬家族天赋。他利用的是比自身更宏大的某些东西，他已经意识到这份礼物是梅库里乌斯等了几百年时间才给予他的。现在梅库里乌斯已经把具有治愈功效的礼物送给了这个家族中的这一代人，向导的角色不再被需要，梅库里乌斯便可以径自返回神与灵的疆域了。

  一开始，男孩误解了他的礼物，他以为这个礼物能神奇地砍倒树木，这样他就可以和父亲一样成为伐木工人。他把斧子变成银质的，结果砍了第一下就把斧子弄坏了。所以这个男孩的命运和他父亲并不相同。这不是他生活中的问题，也不应该成为他的人生目标。如果他以那种方式使用其天赋，就是在暴殄天物。这个男孩抱怨斧子不好使，是因为他一时没有看到这个礼物的真实本质。他必须利用这个礼物来为自己的生活呈现崭新而独特的形态。

  可是，要做到这一点，他必须离开在此处以森林为象征的父亲的世界。父亲因为男孩损坏了借来的斧子而生气，这种愤怒说明家族之树中的愤怒是有害的。父亲觉得家族里缺少天赋，当然儿子也是个白痴。成功的唯一途径是勤勤恳恳地伐木，他觉得必须像往常那样继续劳作。所以父亲起初拒绝带领儿子走出森林。

  但父亲是真心爱他的儿子，这就是他为什么尽其所能供儿子上大学。他的愤怒很快平息，毕竟，这种愤怒并非真的是针对儿子，而是针对自己的家庭现状。通过给儿子指示走出森林的道路，父亲接受甚至鼓励儿子开始他的才华横溢的新生活。

  儿子卖掉了银质斧子，送给他父亲一百塔尔的巨款。一个塔尔的价值显然要比今天的一美元高得多，因为这笔钱可以使父亲在余生都过上安逸的生活。当然，这种安逸包括物质上的福利，也包括精神上的愉悦，它源自终于看到的、具有治愈作用的对家族礼物的认知。儿子用他具有治愈作用的布块触碰了家族之树上的伤口，已经将其愈合。父亲做好了准备倾听儿子的命运如何有别于自己，于是儿子向他讲述了自己遇见梅库里乌斯的整个故事。

儿子在使用这份礼物时表现了高超的智慧。他不是米达斯，他没有用这块布把越来越多的金属变成银子。他只是用出售那把斧子得到的钱来支付大学教育费用。在这块治愈布的帮助下，他成为一个著名的医生，进而实现了自己祖先的潜力。他只得到300塔尔，还有金匠欠他的100塔尔，这一事实表明，我们继承的遗产是如此庞大，必须随着时间的推移分期交付给我们。我们不可能在意识到它的那一刻就得到（或理解）我们的遗产，相反，我们需要一个渐进的过程来加深对它的理解。

一个解开的谜团：偷盗吝啬鬼的贼

我们已经讨论过那个磨坊主的故事，他卖掉了全部家当买来金子埋在了地下。一天夜里，来了一个贼，盗走了这堆金子。但这个贼是谁呢？赫尔墨斯（墨丘利）不仅是商业之神，也是盗贼之神，这一点并不令人惊奇。因此，如果我们怀疑是赫尔墨斯偷走了这批埋藏的财宝，我们很可能就猜对了。但是，与大多数盗贼不同的是，赫尔墨斯经常会为他偷走的东西付出一定回报。

有关赫尔墨斯出生的故事不仅揭示了他如何成为盗贼之神，

还告诉了我们，对于从父亲那里继承的东西，他为何感觉受到了不公平的对待。赫尔墨斯的父亲是众神的统治者宙斯，而他的母亲是一位名叫迈亚的仙女。宙斯的另一个儿子阿波罗，是光明、疗愈、音乐、诗歌和预言之神。而阿波罗的母亲是勒托，所以他和赫尔墨斯是同父异母的兄弟。

在出生的那天，赫尔墨斯就做出两项惊人之举。首先，他用一只乌龟的壳发明了里拉琴，并用这种弦乐器演奏出优美的乐曲，欢快地歌唱自己的出生。接下来，他去了他的哥哥阿波罗饲养神牛的地方。赫尔墨斯从牛群中偷走了50头牛，并让它们倒退着走，以便它们的足迹无法被追踪。把牛藏在一个洞穴深处后，他用其中两头献祭十二位不朽之神（包括他自己在内的十二位神）。

在古地中海世界，牛被用来衡量价值并充当财富，并且是一种珍贵的祭祀供品。当赫尔墨斯偷走阿波罗的牛时，他偷的是相当于黄金或金钱的东西。阿波罗很快意识到是他的弟弟偷走了牛，但他无法证明这一点。他指责赫尔墨斯偷盗，但赫尔墨斯改变了外形，又成为摇篮中的婴儿。他告诉怒气冲冲的哥哥，他刚刚生下来，对任何偷盗行为一无所知。

既然阿波罗和赫尔墨斯都知道是谁偷了牛，所以这两位神就是在和对方做游戏。这个游戏很像人类的兄弟姐妹之间发生的争执，他们觉得自己的父母偏袒了其中一方，它掩盖了兄弟姐妹中不太受喜爱的那一方对父母的怨恨。即便在阿波罗和赫尔墨斯向宙斯诉说他们的委屈时，赫尔墨斯还在厚着脸皮撒谎，说阿波罗在没有任何证人的情况下指控他偷盗，还对他进行威胁，但他完全否认自己偷了牛。赫尔墨斯还说宙斯应该帮助自己这个小

第六章 遗产：属于父母的真实的和象征性的财富

儿子。

人类的父母总是力求自己公平地对待孩子们，并在此过程中经常感到痛苦，而宙斯却没有为之所动。他突然放声大笑，告诉兄弟们要和谐相处，并命令赫尔墨斯带着他的兄长去藏牛的地方。赫尔墨斯领着阿波罗一起来到山洞，带着牛群从黑暗中走出来。然后赫尔墨斯奏起了里拉琴。他演奏得如此优美，歌颂了众神，终于平息了兄长的愤怒。

这给兄弟之间带来了非常好的沟通与和解。阿波罗钦佩赫尔墨斯发明里拉琴的聪明才智，他想得到这件乐器，觉得它的价值相当于50头牛甚至更多。赫尔墨斯便把琴交给了阿波罗。

作为回报，阿波罗不仅把被偷的50头牛给了赫尔墨斯，又给了他一根可以用来施与财富的黄金三叶杖。虽然阿波罗为自己保留了崇高的预言天赋，但他将一些抚慰的力量给予赫尔墨斯，包括曾属于阿波罗的统治动物的权力。他还赋予赫尔墨斯一个重要职位，作为人类灵魂通往冥界的向导和众神的使者。

因此，赫尔墨斯偷盗财富的结局是阿波罗收到一份奇妙的礼物——能发出一种新颖的美妙音乐的里拉琴。当我们检视自己的遗产时，所寻求的正是这样的音乐。当然，在一段时间之内，我们可能会对父母和兄弟姐妹感到恼火，要么是我们想要的东西太少，要么是我们不想要的东西太多，要么是与别人得到的东西相比，我们得到的份额不公平。这种给予的最明显标志就是金钱，但爱、关注、鼓励等许许多多，也是我们遗产的一部分。

如果我们探究家族之树的根部，可能就会形成对自己家族的理解，这也能加深我们对自身的理解。勇敢地直面父母的缺点，还有我们为抵消他们的愤怒、虐待、无爱或缺乏理解而采取的行为模式，会让我们获得更大的自由。

在"瓶子中的妖怪"的故事里，伐木工的儿子以自己的脖子为赌注冒险而得到了妖怪的礼物，从而获得了这种自由。他放弃了对自己所熟悉的生活的依恋。如果他继续受制于巨大的家族之树中存在的如此有害的愤怒，他就会和父亲一样，对家族未实现的潜力有一种无法言说的痛苦与渴望。他永远都不会认识到自身的潜力。相反，他经历的那个过程则会使他对家庭的潜力和缺点获得更加客观的了解。凭借这一过程，他使自己从昔日的模式中解脱出来。通过对自己的命运承担责任，他便有能力从梅库里乌斯那里得到一笔像音乐一样神奇的遗产——治愈。

第七章

债务：债务人的高塔如何连接天地

第七章 债务：债务人的高塔如何连接天地

1822 年 2 月的 20 日和 21 日是星期六和星期日，一个哭泣的男孩绝望地奔波在伦敦街头，试图不让父亲落入债务人监狱。他的父亲已经被逮捕并拘押在一个负债人临时拘留所，这是一个中转的场所，如果债务仍然没有得到清偿，下一步就是将人关进监狱。向这家人出售面包和糕点的一个面包师为追偿 40 英镑而提起诉讼，男孩的父亲对许多债权人都欠下了债务，这只是其中很一小部分。

这个十岁男孩的二月份过得很糟糕。家里人为他在一家商店谋到了一份工作，他在那里给罐子刷上黑色面漆和标签。周薪六先令对这样一个男孩来说是相当不错的报酬，工作时间从每天的早八点到晚八点，按照当时的标准也过得去。几年后，他在自传中写道："当我……感到自己早年所梦想的，长大成为一个博学而杰出者的希望被压碎在我的胸口……任何语言都无法表达我内心中隐藏的痛楚。"

整个周末,这个孩子流着眼泪穿梭于亲戚朋友之间寻求帮助,此时的他肯定觉得自己所了解的童年世界已到了尽头,他曾在那里拥有一个完整而欢乐的家庭。2月22日星期一,欠债仍没有还上,孩子听到他深爱的父亲说:"太阳永远都会照耀在他的身上。"这句话让他觉得心都要碎了。当天傍晚,他的父亲被送到马夏尔西监狱,作为无力偿付的债务人关押起来。

那个十岁的男孩就是查尔斯·狄更斯。

债务与监禁

按照当时的标准来判断,约翰·狄更斯(查尔斯·狄更斯的父亲)的结局看起来可能很糟糕,甚至是不近人情的。英国的法律体系试图以严厉的惩罚杜绝债务违约。17世纪的英格兰法官罗伯特·海德爵士,针对这个问题直言不讳地说:"如果一个人被采取强制措施,因欠债而关进监狱,那么无论是起诉他的原告,还是逮捕他的治安官,肯定都不会为他找到肉、饮料或衣物,他只能依靠自己活下去,或是他人发善心。如果没有人愿意搭救他,就让他以上帝的名义死去吧,这是法律的规定,我本人也这么认为。"

我们要认真地考虑一下,关于能否牺牲个人自由作为对不能清偿债务的惩罚,我们思想上的变化是在多么晚近的时候才发生的。在这一章里,我们将探讨债务人监狱这个强有力的象征是如何被遗忘在我们的意识中的。不堪重负的消费者和企业越来越频繁地采取破产的方式，因为不需要入狱，也就无法对人们提出警告，债务会以何种方式剥夺我们的时间，即生命真正的本质。然而除此之外，我们还必须面对为了生命的奇迹而欠下的债务，在我们处理其他日常债务时，这种特别的债务或许会令我们困惑。既然债务是我们对未来偿付能力的一项声明，它也就同时表明了我们心中的设想，关于我们在未来如何发展以及将在社会中发挥什么样的有益作用。如果我们的评估出现错误，无法偿还债务，我们就是夺走了他人的资产和生命活力。

守贫誓言

债务人监狱绝不仅限于英格兰。北美殖民地及后来的美国各州也常因债务而将人们投入监狱。例如，马萨诸塞在17世纪和18世纪针对债务催收法律进行了70多次的立法行动。为了改善监禁措施的残酷性，马萨诸塞尝试了一系列的改革：让债权人承担债务人坐牢的费用，允许债务人获得有限的自由，可以在白天离开监狱寻找工作，并让债务人立下一个守贫誓言并获得自由。然而，这种宣誓并不是将债务本身免除。

事实上，在19世纪20年代，英国也允许人们进行守贫宣誓。放大视野来看，当那些发誓保持贫穷并靠乞讨为生的流浪僧侣在西方世界中不再盛行的时候，这种新的世俗的守贫誓言却奇怪地出现了。约翰·狄更斯害怕宣誓，因为他觉得这样的羞辱会让他失去海军薪酬办公室的工作，以及他迟早能领到的养老金。然而，他的债权人拒绝为偿还债务订立新的时间表，因此，如果他想离开监狱，唯一的选择就是作出守贫誓言，可是进行宣誓的资格是他和他的家人所有的衣物和个人财产价值不能超过20英镑。在此过程中，查尔斯必须来到一个满身啤酒味，嘴里塞得满满的官员面前，由这个人对他进行检查。查尔斯口袋里有一块银表，那是祖父作为礼物送给他的，他担心可能会因为价值太高而保不住，但那个官员只是瞥了一眼他的衣服就把他打发走了，他这才松了一口气。

在新英格兰，美国商人充分利用有关债务人的法律，向劳动者提供朗姆酒和威士忌。当劳动者还不起酒钱的时候，商人就会通过契约劳役制让他们到纽芬兰渔场工作抵债。到19世纪20年代，当狄更斯的父亲被关在马夏尔西监狱的围墙里，也有多达一万名小额债务人被严密关押在美国马萨诸塞州的监狱中。如果再想想其他各州监狱里的债务人，以及1837年英国有三四万人因债务被捕，我们就会明白，因不偿还债务而遭监禁一定令很多人心怀恐惧。

通过回顾马萨诸塞州的几个例子可以发现，对债务人施以监禁虽然可能起到遏制债务违约的作用，但是受惩罚的往往是那些已经受制于贫困生活的人。1824年，在斯普林菲尔德，有一个带着哺乳期婴儿的19岁女孩，因大约7美元的债务而被判监禁。同年，在波士顿，一个养家糊口的盲人为6美元的债务入狱。在塞勒姆，一位76岁的邦克山战役[1]老兵发现自己因为几美元的债务被关了起来。在马布尔黑德，当地的民兵组织筹集了22.18美元，将一名68岁的革命战争老兵从监狱里救出来。

所有各州都有法律制约无力清偿的债务人，而且在大多数州里，改革措施像钟摆一样摇摆不定。如果有人认为美国是由拒绝借贷的一群顽强的革命先驱建立的，那就是沉迷于幻想。事实上，新大陆许多商人的资本和信贷都来自欧洲，尤其是英国。个人债务也很常见，因为食物和其他商品通常是从当地商人那里赊购的。虽然我们可能把债务作为当代特有的一个问题，但事实上，债务有着悠久的历史，几乎可以肯定史前时代它就已经存在。

卖掉妻子儿女

金钱是衡量债务最常用的标准，这是金钱的隐秘身世中一个重要的特征。然而，甚至在金钱存在之前，人们就为进行贸易而借贷种子、工具和商品。最早有书面记载的法律，公元前1750年前后在巴比伦王国制定的《汉谟拉比法典》中规定，"如果一个负债的男人，将他的妻子、儿子或女儿卖掉，或拒绝服役三年，他们就要到买方或主人的家里干活，直到第四年才能获得自由"。

---

1. 发生在1775年4月，是美国独立战争期间的第一场大规模战役，共造成1 000多名英国士兵和约400名美国爱国者伤亡。

一个男人为了还债而卖掉他的妻子儿女，想一想都会让人震惊不已，而《圣经》常常把债务的危险摆在我们面前。在一个寓言里，耶稣讲述了某位国王的故事，有个仆人欠了他一笔钱，数目太大还不起了。国王下令将仆人的妻子和孩子以及所有财产都卖掉，以便还清债务。但是仆人跪下来，请求宽限更多时间让他还钱。国王被他的恳求打动，免去了他的债务。

这是一个皆大欢喜的结局，可是这个仆人还有一个同伴也欠了他的钱，而这笔债务要小得多。第一个仆人刚离开国王，便碰上了第二个仆人，他抓住对方的喉咙，要求他道："你把欠的钱还我！"欠他钱的那人恳求宽限时间，但第一个仆人冷酷无情地把对方送入了监狱。

听说第一个仆人没有将自己受到的仁慈同样给予第二个仆人，国王勃然大怒，于是把第一个仆人也送进监狱让他受苦，直到他还清全部债务。

虽然这个寓言用债务来表示人们应当彼此宽恕，就像上帝宽恕他们一样，但它也说明了债务人如果不偿还债务，就要冒着坐牢、成为契约劳工甚至沦为奴隶的风险。根据罗马法，获得判决的债权人可以为了所有债权人的利益强制夺取并出售债务人的资产。这一程序还将导致债务人民事权利的损失。为了减轻这种严厉的后果，罗马法允许债务人向法官提出自愿放弃本人的财产的请求。通过选择这种方式，债务人的民事权利得以保留。

破产法在中世纪发生改变和进化，试图隐瞒或携带资产潜逃的债务人将受到特别严厉的惩罚。随着各国法律的发展，无力还钱的债务人依然面临失去全部资产的风险，在某些情况下，还会遭受刑事处罚并丧失民事权利。一些国家只允许商人破产，而普通债务人却永远无法从债务中得到解脱。此外，社会对破产行为的看法极为负面，沦入破产的债务人往往受到行业和社会的制裁，有些情形下，甚至要求穿着有辱其身份的特定服装。

社会态度已经改变，但我们生活在一个债务和金钱同样无处不在的世界。对债务的持续体验和对金钱的拥有，都使我们在探索其深层本质上变得麻木。当然，在肤浅的层面，我们知道债务的产生通常是由于我们从别人手中借来金钱或其他贵重物品，并承诺偿还我们的所得。房屋抵押贷款、汽车分期付款、信用卡的每月欠款，以及朋友为帮助我们在下一个发薪日之前渡过难关而借给我们的钱，所有这些都是债务。

债务的冥界力量

这种易于理解的世俗债务掩盖了债务剥夺我们自由的历史性力量。即使是今天，我们只需要读一读报纸就能找到债务如何被用作奴役工具的例子。譬如，在巴西的偏远农场里，用来向劳动者支付薪水的代金券只能在公司开的商店里购买食品和日用品。由于代金券无法满足劳动者的需要，他们便越来越深陷于债务之中，成为事实上的奴隶。欧洲许多地方许诺来自东方的女性可以到西方的商店或餐馆工作，结果却发现她们被带到妓院，为了偿还代理费、交通费、餐费和房租等"债务"而被迫卖淫。在美国，这种非法的贸易同样可以发现。在一起案件中，一名来自中国的年轻女子遭受强迫卖淫，以偿还她为了来到纽约而欠下的

3万美元，而在她成长的那个保守的小镇里，她甚至从来没有和男孩子拉过手。这些故事令人十分憎恶，它们说明了债务所具有的摧毁人类自由与尊严的力量。

美国在1898年通过（并经过多次修订）的《自由破产法》实际上帮助掩盖了债务的破坏性作用，以及人们对债务人所秉持的更古老、更偏向惩罚的态度。如今在美国，个人和企业主均可以自由破产，得以从债务中解脱，而不必担心遭到监禁或奴役。破产申请总数的增长十分惊人，从1910年的不到3万宗到1981年的36万宗，再到1992年的将近100万宗，这在一定程度上反映了社会对无法偿还债务的态度发生了变化。

虽然很难为债务人监狱进行辩解，但它们的确为了一个象征性的目的服务的，而这一点在今天已经基本丧失了。这种监狱劝诫我们必须偿还债务，如果债务人不能用金钱偿还，就要以被剥夺的自由来偿还。夺去人们的自由就是夺走了生命本身。如果债务可以夺走生命，那么它显然就有了冥界的特征，即财富积累和死者居住的无形世界的特征。

虽然我们在破产法律上的改革已经取得一定成效，但是还不能与债务的冥界特征相提并论。因债务问题而将人们关进监狱明显是错误的，尤其是人被拘押起来会导致偿还债务的可能性不复存在。社会改革的这种动机与债务在人类头脑中占据的位置无关。如果这样的局面依然被忽视，那么改变它在我们这个世界上的表现形式（宁愿一年内有100万人破产，债务人监狱中也不会关押一个人）只会带来另一种形式的痛苦。

任何一个过度消费而被讨债者追偿的人，都知道无力偿还债务时的压力和焦虑有多么可怕。查尔斯·狄更斯在他的自传里回忆父亲在监狱里对他发出的警告:"我父亲在等我……(我们)都痛哭流涕。我记得他告诉我要接受马夏尔西监狱的教训,以后千万注意,如果一个人一年有20英镑,花掉19英镑19先令6便士,他会很高兴;但如果再多花1先令,他就会受苦。"这种债务观认为,依赖借贷过活,可能就会失去自由、美丽和生命本身的活力。

债务的古老起源反映在《圣经》关于债务和通常伴随债务发生的利息支付的告诫中。于是,所罗门警告说:"富户管辖穷人,欠债的是债主的仆人。"

在《出埃及记》中,当上帝为犹太人定下律例的时候,还包括这样一条警示:"我民中有贫穷人与你同住,你若借钱给他,不可如放债的向他取利。"这段话的意思是不应该利用债务压榨穷人。如果穷人拿出一件衣服作为贷款的担保,衣服应该在天黑之前还回去,这样穷人就不会受苦。一个人赖以谋生的手段也不应该作为抵押,因为那既剥夺了债务人的生计,也让他无法赚到足够的钱偿还借款。

所罗门强烈建议不要成为保证人或为他人做出担保。在这种协议里,一个人保证偿还另一个人所欠的债务,通常是作为一种诱因促使债权人先放出款项。警告之词有力而紧迫:"我儿,你若为邻居做保,替外人做出保证,你就被口中的话语缠住,被嘴里的言语捉住。就当这样行,我儿,救你自己吧,你既落在邻居手中。去吧,赶紧去,逼迫你的邻舍。不要让你的眼睛睡觉,不要让你的眼皮打盹。要救自己,像羚羊脱离猎户的手,如鸟脱离捕鸟人的手。"这种紧迫性的原因会在本章后文中逐渐清晰,届时我们将讨论让债务变得明智或鲁莽的各种因素。

早在有文字记载的历史之前，债务便已存在。像语言和金钱一样，我们很少思量债务的产生，考虑债务如何成为我们社会的一个重要特征。作为个人，我们深受欠债之苦，但我们很少对债务进行研究以了解其深层含义。如果不能把债务作为一个值得探究的主题，那么我们对债务就还是一片茫然。当然，我们会知道必须支付本金和利息，才能让我们保持良好债务人的状态，但我们不会理解进入并保持负债状态的更深层次的动机和原因。

债务如何到达阿散蒂

债务最初通过什么方式变成人类社会的一部分，以及债务对我们意味着什么，有一个民间故事能帮助我们获得深刻的理解。"债务如何到达阿散蒂"这个故事讲述的是债务怎样来到阿散蒂王国，即现在西非加纳的一个地区。其中的主人公，蜘蛛阿南希是阿散蒂和阿坎人的骗子英雄。他总是不断试图用计谋战胜动物和人，甚至战胜神。他有时候很聪明，但更多情况下表现得不择手段、贪婪和自私。作为一个文化英雄[1]，他就像是给人类带来火种的普罗米修斯。通过智胜大黄蜂、巨蟒和豹子，阿南希成为所有传颂的故事中的主人公。有时候，他的冒险行为创造出一些风俗习惯——例如债务。

---

1. 文化英雄（Culture Hero），指某一个人，无论是真实的还是虚构的，体现或被视为一个社会、一群人或一段时间的文化价值观或成就的基础。

第七章 债务：债务人的高塔如何连接天地

然而，阿南希并非第一个把债务带到阿散蒂的人。在"债务如何到达阿散蒂"的故事里，一个名叫索科的猎人因为他欠下一笔债不想还，而从他所在的村庄逃出来。当他来到阿散蒂的土地上，人们很担心，因为他们从来没听说过债务。他们让老人们去告诉索科，如果他打算和他们一起生活，就必须消除自己的债务。

索科想不出来如何做到这一点，但是阿南希听说了有关索科及其债务的事情。他来到索科面前，看到对方正在做棕榈酒。阿南希想要酒，便说解决债务问题很容易。他让索科说："谁要喝我的棕榈酒，谁就得承担这笔债务。"

索科这么一说，阿南希就提出要喝这些酒。饮下这些酒，他便同时饮下了债务。阿南希喝完酒后，耕种了自己的田地，还说谁吃了这些谷物谁就要承担债务。

一只鸟吃了谷物，承担了债务。当鸟儿下蛋时，它说谁打破了它的蛋谁就要承担债务。一根落下的树枝打碎了鸡蛋，导致这棵树接过了债务。然后树说，谁吃了它的花谁就承担债务。一只猴子吃了这些花，就承担了债务，猴子说，谁吃了它自己就轮到谁承担债务。当猴子被狮子吃掉时，狮子也说，谁吃了自己谁就要承担债务。

有一天，正在打猎的索科杀死了狮子。他回到村子里，和所有的人分享狮子的肉。因为所有人都吃了，每个人便都有了债务。这个故事讲的就是，猎人索科和骗子英雄阿南希如何给阿散蒂王国带来债务。

我们为生命欠下的债务

索科这个人物很有意思。他独自前来,作为一个局外人,背负着一项似乎为他所独有的负担。他所靠近的那些人害怕受到他的污染,他必须摆脱自己身上带有的污点。但这个故事并没有告诉我们索科欠的是什么债务,也没有告诉我们他为什么要逃避还债。而这笔债务显然不是我们通常所认为的那种。如果是那样的话,索科可以简单地改变主意并把它还掉。然而,故事的发展表明,这笔债务是无法偿还的。

在一次显然很幸运的转折中,阿南希告诉索科如何摆脱自己的债务。他只需要说谁喝了他的酒谁就继承了债务。阿南希是一只蜘蛛,是一个纺织工,一个人类命运的编织者。他看似提供了一个解决方案,但他真正在做的是释放出一种新的力量,也就是债务,并让它开始流通。

债务迅速传遍世界的各个角落。它的首次转移和棕榈酒有关,这可能是在说债务本身拥有令人陶醉的力量。猎人的债务随着谷物转移,于是成为农业的一部分。当鸟吃下谷物时,它就进入动物的王国;当树枝打碎鸡蛋时,它进入了农业以外的植物王国,也就是自然环境。很快,它经过猴子和狮子穿越了动物王国,最后回到了人类中间。

当债务以狮子肉的形式返回并被所有村民吞食的时候,我们看到索科是无法永久摆脱债务的。从这一点来说,债务太强大了。事实上,债务是在公共盛宴上被人们分担的,这似乎很像是我们在第二章讨论过的爱筵。这种公共盛宴通常包括为获得食物的滋养而感恩诸神，它是死亡和重生这一循环的一部分，无论是灵魂世界中骨头上再次长肉的动物之死，还是下一季收获带来更新的植物世界里每年发生的死亡。

如果我们能正确地理解这个故事，就会明白从大自然得到的一切都会同时带来债务，这种债务是生与死的自然循环的一个特征。从最广泛的意义上说，我们对大自然欠下的债务就是对生命本身的债务。每当想起我们拥有了生命，哪怕只是一瞬间，我们都能体会到对这一奇迹的感激之情。但是，对这种意义最为深远的债务，我们已经习以为常，而在日常生活中根本没有时间思考这个问题，于是在我们的大部分生活中，我们并不知道这样一项债务的存在。

假如我们为生命欠下大自然一笔债，那只有通过死亡才能偿还，如同我们在很多宗教仪式中所见，献祭的死亡意味着新生命的丰饶。这样我们可能就希望否认得到了大自然的恩赐，否认我们为这些恩赐而欠下了债务。实际上，我们宁愿将这种负债归咎于某些人或某些事情。"债务如何到达阿散蒂"将索科描述为外来者、陌生人、玷污了阿散蒂的纯洁的人。可听上去索科只是一个替罪羊，被挑选出来将这个部落越来越深重的罪恶带入荒野的那个人。故事声称他来自另一个地方，但那是什么地方呢？

即便我们有一种强烈的愿望去回避真相，依然会有某些内在力量驱使我们去追求它。这种渴望回避的同时又进行追寻的情况同样存在于集体的思维方式中。无论是对于个体还是集体来说，自己身上最令我们感到羞耻的真相同样也是我们经常投射到他人身上的。在荣格心理学中，这种隐藏的真相，就是我们所不知道的关于自身的真相，被称作"阴影人格"。

索科好像就是被选出来充当全村人的阴影人格的那个人。他被称作一个陌生人，但是债务的力量存在于大自然之中，这笔债并不是索科所借，而是当阿散蒂人第一次从世界上获得滋养和生命的时候就开始背负起来的。骗子阿南希只是将这个始终存在的真相带入了每一个人的意识当中。每当有什么东西被吃下去或者喝下去时，债务也会随之传递。这也经常以植物或动物的生命为代价，但生命正是从这种耗费之中得到再生的。

时间就是金钱（或债务）

如果我们为生命欠下了一笔债务，或许就可以理解为什么对不能清偿债务的惩罚是剥夺自由。这样的监禁是一种对生命的褫夺，一种对构成生命的时间的剥夺。我们知道"时间就是金钱"这句话，它意味着可以用在一段时间内能够赚多少钱来衡量时间的价值。债务也可以用金钱来衡量，事实上，金钱很奇妙地类似于债务。我们每个人都会出售自己的一些东西，我们的时间和精力，或者我们用那段时间和精力创造的某些产品。这几乎就像是我们欠了那些有钱人的债，因为正是金钱作为一种手段激发了我们向社会提供有价值的东西。作为衡量金钱的尺度，时间就等同于债务。

当然，债务监禁制度并没有提供一种均质的正义。一个人并不会因为欠一美元而坐牢一个月，欠两美元而坐牢两个月，以此

第七章 债务：债务人的高塔如何连接天地

类推。很多人与债权人达成协议，根本不用入狱，其他人则逃跑或隐匿他们的资产。在那些入狱的人里，有的人因为一笔小额债务而在监狱中度过余生，还有的人很快由亲戚朋友以各自的方式帮他们获得了自由。

毫无疑问，设立债务人监狱的理由就是刻意地希望通过严厉的惩罚杜绝违约。但是，如果其潜意识的理由是我们在为自己的生命而负债，因而可以用我们的时间来偿还债务，那么我们真的就是在讨论两种截然不同的债务。一种债务是关乎存在的——我们为自己的存在和大自然给予我们的滋养而欠下的债务。如果要偿还这种债务，那就要通过我们的死亡。另一种债务是日常生活中的债务，通常是以金钱来衡量的。

我们必须将这些债务加以区分。诚然，我们可以用信用卡购买晚餐，或者像19世纪20年代的约翰·狄更斯那样，在当地的面包师那里开一个账户购买面包和糕点。可是，我们欠信用卡公司或当地商人的债务显然与我们为生命和食物而欠大自然的债务大为不同。

从这个更大的视角出发，我们看到《圣经》在《创世纪》中暗示了一种与阿散蒂人所承担的非常类似的债务。在第六天，上帝按照自己的形象创造了人类，并赋予人类统治动物和植物的权力，以使他们获得滋养进行繁衍。上帝"用地上的尘土造人，将生气吹在他鼻孔里，他就成了有灵的活人"。因此，我们不仅把我们的生命和从动植物中获得的滋养都归于上帝，我们也为自己的形象而感恩上帝，这种自我意识使我们能够寻求神圣之物，并努力与其和谐共生。

上帝把人类安置在伊甸园中，并禁止他们品尝知晓善恶之树的果实，试图让他们不知道自己的债务。但是蛇作为冥界的国王，一个潜意识的世界之王，对人类发出诱惑。蛇说吃了知晓善恶之树的果实会让他们像上帝一样知晓善恶，但他们不会像上帝所说的那样死去。因此，这条蛇，就如同骗子阿南希，让人们意识到了不曾被理解的人类状态的某种特征。吃了果实以后，亚当和夏娃在身体上并未死去，但对于吃下这个知识之前的他们来说，他们确实死了。人类第一次对死亡感到恐惧和焦虑，正如神对亚当所说："你本是尘土，仍要归于尘土。"然而，偷食禁果也让我们意识到人类的道德本质，以及我们欠下与我们有着相同形象的造物主的债务。

莴苣姑娘

还有另一个偷食禁果的故事。从前有一对夫妇，他们多年来一直渴望能生个孩子。透过后窗，这对夫妇可以看到高墙外面有一座美丽的花园，里面种满了鲜花和蔬菜。花园的主人是一个可怕的巫婆，但妻子发现那里生长着一种美丽的莴苣，心中便生出对它的渴望。随着这种渴望越发强烈，她开始日渐消瘦，因为她知道永远吃不到自己渴望的东西。

丈夫问她生了什么病，妻子说除非能吃到莴苣，否则她就会死去。丈夫要不惜一切代价救妻子。于是某天晚上，他偷偷溜进花园，带了一些莴苣回家。但他的妻子吃下去以后，心中的渴望变得更加强烈。

最后，丈夫回到花园里想拿更多的莴苣，但巫婆出现在他面前，说要严厉惩罚他的盗窃行为。这个男人恳求宽恕，解释说他偷东西是为了满足妻子的愿望。

这平息了巫婆的愤怒，她答应这个男人，他妻子想要多少莴苣都可以，但前提条件是，这对夫妇一定要把他们生下的孩子交给巫婆。被吓坏了的男人同意了。

后来，他的妻子怀孕了。当她生下期盼已久的孩子时，巫婆前来并声称孩子是她的。巫婆带走了小姑娘，给她起名叫莴苣。12 岁的时候，莴苣长成了一个十分美丽的姑娘，巫婆将她锁在森林中一座没有门和楼梯的塔楼里，巫婆在下面一喊，莴苣姑娘就会把长长的金发从塔楼顶上的房间窗户里垂下来，让巫婆顺着她的金发爬上去。

几年过去了。莴苣姑娘经常以唱歌来缓解自己的孤独。某日，一位王子从塔楼附近经过，听到了这美妙的歌声，又看见巫婆攀着金色长发爬上塔楼。巫婆走后，王子叫莴苣姑娘放下头发，自己也爬了上去。这是莴苣姑娘第一次见到男人，她克服了内心的恐惧，觉得王子会比巫婆更加爱她，便答应嫁给王子，和他一起离开这里。她拉起王子的手确认他们的婚姻，然后她很快就怀孕了。

不幸的是，在逃跑之前，莴苣姑娘天真地去问巫婆，为什么拉她上来的时候感觉她比王子要重。愤怒的巫婆剪掉了莴苣姑娘的头发，把她带到遥远的沙漠，使她陷入孤独寂寞的痛苦之中。

当王子来到塔楼时，巫婆放下了莴苣姑娘的头发，拉起了这个年轻人。巫婆告诉他再也见不到莴苣姑娘了，悲恸欲绝的王子从塔楼上一跃而下。虽然王子没有跌落而死，但他的眼睛却被荆棘刺穿了。失明的王子因为失去妻子而伤心不已，他陷入一贫如洗的生活，在森林中四处游荡。

经过多年的流浪，有一天，王子听到一个熟悉的声音。他终于来到了孤独的莴苣姑娘和孩子们生活的地方，原来他们已经有了一儿一女。莴苣姑娘认出了他，一把将他抱住，哭了起来，用自己的泪水治愈了王子的眼睛。他们回到了王子的国家，莴苣姑娘受到热烈的欢迎，他们非常幸福地一起生活了很多年。

债务人监狱是增强意识的地方

《格林童话》中的"莴苣姑娘"再次反映了孩子为何一定要经常为父母或家族之树上的债务付出代价。在这个故事里，如果母亲不吃下以莴苣为代表的来自植物世界的食物，她就会死去。通过吃莴苣，她就像是把一个婴儿塞进了肚子，巫婆为这个孩子起名叫莴苣，就证实了这个婴儿源自植物的世界。母亲因莴苣而欠下债务，莴苣不仅救了她一命，还给予她一个孩子的生命。她必须用莴苣姑娘来还债，必须用孩子的生命来支付恩赐给她的生育能力。

这本来已经够糟糕了。但是这个巫婆，拥有着给予和保留植物财富和生命的权力，让我们想起了得墨忒耳、西布莉和奇克麦克胡特尔。她将女孩囚禁在一座没有入口的塔楼中，那就是一座债务人监狱，女儿在这里为了母亲的债务而牺牲自己的生命。这座塔楼还暗示了灵魂的升华，物质世界向上进入神的世界。与珀

第七章 债务：债务人的高塔如何连接天地

耳塞福涅一样，莴苣姑娘一直被囚禁在塔楼里面，直到她接触到以王子为象征的自己的另一面，这能够让她与巫婆所象征的母亲的那一面强行分开，虽然母亲从来都不情愿让女儿去过自己的生活。

塔楼的自我封闭暗示着莴苣姑娘正在经历一个更深刻地了解自我感受的过程。只有那束金色的头发才能让她与外界接触。就像埃涅阿斯在绿色森林中发现的金枝一样，这束金发显示出它是莴苣姑娘的一部分，是等待着她去发现的财富。虽然通往自我认知的旅程是痛苦、枯燥和孤独的，但是它终究可以治愈我们。

"莴苣姑娘"的故事所表达的是，债务人监狱可能是自我认知痛苦演化的地方。如果我们更经常地想起我们欠下的生命之债，或许就能更好地理解我们经常面临的日常债务问题。我们可以从存在主义的角度来研究负债是否会让我们更容易继续负债。如果我们发现自己被困在债务人的高塔里，我们就要想一想这种监禁的意象有何价值。当我们因为对金钱债务的焦虑和对破产的恐惧而痛苦不堪时，我们便失去了生命中一些宝贵的时刻，就如同被监禁一样。对于这座高塔中向上的推力，以及它向精神高度的延伸，我们如何才能加以利用，以便弄清楚哪些债务是真正属于我们的呢？如果我们能直面自己，债务作为一种挑战，就可能让我们更深入地了解我们自己的天性。

"莴苣姑娘"的一个显著特点是，女儿为母亲的债务付出了代价。这让我们想起此前对继承的讨论，就如同女儿从母亲那里继承了一笔债务。当然，有关继承的法律规定，如果遗产中只包括债务而没有资产，那么继承人什么也得不到，也就没有义务偿还债务，那些债权人将丧失死者所欠下的一切债务，正如莎士比亚在《暴风雨》中所写，"债随人亡"。然而，对于为她自己和她的母亲带来生命的莴苣，这位莴苣姑娘付出了高昂的代价。

债务与遗产何其相似

债务和遗产之间存在着神秘的相似之处。例如，借来的钱感觉上很像是继承所得的钱。我们得到了一些我们不曾为之努力的东西，我们现在有了更多的资源，生活也改善了。当然，遗产不需要偿还，而债务需要偿还。但还款是未来才需要考虑的因素，而在收到钱的那一刻，作为债务人的我们和遗产继承人一样比以前更加富有。

与查尔斯·狄更斯同时代的威廉·萨克雷[1]在《名利场》中对债务作出如下评论："名利场中的每个人一定都注意到了，那些生活舒适、债台高筑的人是多么自在，他们是多么的得意扬扬，他们心中又是多么的快乐和轻松啊。"虽然萨克雷语出讽刺，但他准确地抓住了债务人可以把自己想象成继承人的那种感觉——至少可以延续到债务必须偿还的那个时候。

甚至是约翰·狄更斯在债务人监狱中备受煎熬的这段故事，也彰显了债务和遗产之间特别的相似性。约翰·狄更斯先生在马夏尔西被监禁了两个多月的时候，他的母亲去世了，享年79岁。

---

1. 威廉·萨克雷（William Thackeray，1811—1963），英国著名剧作家，《名利场》为其代表作。

第七章 债务：债务人的高塔如何连接天地

在遗嘱中，她留给儿子450英镑，足以偿还其全部债务，并让他和家人开始新的生活。5月28日，约翰·狄更斯以自由人、继承人而非债务人的身份走出马夏尔西。虽然约翰·狄更斯再也没有进过债务人监狱，他的儿子查尔斯却在余生中一直背负着这段经历造成的沉重负担："我的整个天性都被这种顾虑所带来的悲伤和屈辱深深地浸透了，以至于即使是现在的我，虽然有了名气，享受着亲人的爱抚，过上了快乐的生活，还是常常在梦中忘记自己有一个亲爱的妻子和一群孩子，甚至忘了自己是一个成年人，而退回到我生命中的那个时段，孤独地徘徊。"

泉州桥

一个来自中国的民间故事"泉州桥"[1]可以帮助我们理解债务和遗产之间的奇妙联系。这座桥最早建于宋真宗统治时期（998—1022年），历史上有很多关于它的故事。在建桥之前，生活在洛阳河中的凶残的妖怪折磨着乘船渡河的人。建造这座桥需要许多奇迹和超自然工匠的助力。

我们的故事不是关于大桥的建造，而是有关其700多年后的重建。在清朝乾隆皇帝在位期间（1736—1796年），有一个大手

---

[1]. 在福建泉州有一座名叫"洛阳桥"的宋代石桥留存至今，又名"万安桥"。作者在此处所谓的"洛阳河上的泉州桥"可能便出自这里。

大脚的年轻人李五[1]，尽管这个年轻人花钱很大方，但是他工作并不努力，于是经常负债累累。所有的店主都不敢卖给他任何东西，只有屠夫总是愿意接受李五的欠条。事实上，这个屠夫告诉李五想买多少都可以，而且从来也没有强迫李五偿还因为赊账而写下的很多欠条。

最后，连李五都对屠夫的行为感到好奇。有一次打欠条买了肉以后，他躲在店外，然后跟踪屠夫来到山顶上供奉土地神的小庙。屠夫扒开荒草，把李五的欠条放进一座坟墓中，又从坟墓里拿出一锭银子。李五往坟墓里瞧的时候，看到了许多装着银子的罐子，其中一个罐子只装了一半，但是还有屠夫从李五那里接受的所有欠条。

突然，土地神张口了，他说这些银子都是李五的。这位神仙负责看管这些财富，但既然银子的主人已经到来，现在可以卸下他的职责了。屠夫之所以慷慨地让李五赊账，是因为他知道如何将欠条兑换成这个秘密宝藏中的银子。

于是，李五成了一个有钱人。不久，他遇到了一名声称能寻找宝藏的陌生人前来拜访。这位名叫康金隆的人此行的目的其实是为了考察李五的本性。已经成为远近闻名的大善人的李五对客人非常友好，他每天让客人用金盆洗脸，甚至康先生每天洗漱后都将金盆扔进荷塘也并没有抱怨。几个月后，康先生不辞而别了。

李五接下来的一段生活却并不怎么愉快。他以前的一位仇家

---

[1]. 历史上的确曾有一位闽南著名富商，名叫李五，传说此人曾整修洛阳桥。但历史记载中的李五是明朝人。

诬告他是土匪。不然李五怎么会这么有钱呢？于是，李五的家产遭到查封，并被押送到京城接受审判。他戴着镣铐走过洛阳河上的大桥，看到涨潮导致河水漫过桥面，他发誓说，如果自己能保住性命，就把桥增高三尺。

当卫兵押送着李五走到京城附近时，李五再次遇到了康先生，发现康先生早已为他买下了一大片土地，并送给了他一只活的蜗牛。这只蜗牛背上的壳是纯金的。李五将这个神奇的礼物献给了皇后，皇后说服皇帝释放了李五。然后，李五拿着康先生扔到荷塘里的金盆，经营着康先生为他买的土地，再次变得非常富有，最终他履行了自己的誓言，把洛阳河上的大桥加高了三尺。

债务人的理解之旅

这个故事将债务人和继承人直接关联在一起。李五认为自己是债务人，除了屠夫，其他人都这么认为。然而，李五实际上是继承人，而不是债务人。一个神灵看守着他的遗产，就是他从坟墓中发现的那些银子。和梅库里乌斯一样，这个神灵也等了很长时间才把宝藏交给它的主人，一旦完成任务，神灵便终于可以离开自己的岗位。

这是属于谁的神灵呢？他为什么要保护属于李五的遗产？这个神灵可能就是李五尚未发现的自己的另一面。从某种意义上说，这个神灵决定了李五的未来。好奇心，就是把伐木工的儿子带入森林深处的那种好奇心，也驱使李五跟随屠夫来到山顶的庙宇。在这个位居高处、带有神性的地方，李五遇到了真正属于他的东西，他的白银宝藏。

这个故事暗示了生存债务和日常债务是如何相遇的。坟墓中的银子是属于李五的，但他自己并不知晓。这些宝藏是由作为生命来源的大地之神守护的。不仅是银子，还有一切的东西，包括生命和滋养，都来自大地。

但是，我们所承担的每一笔债务同样也给予我们一笔资产。我们因自身的存在而承担的债务是不能以金钱衡量的，它可能会让我们对自己收到的资产的范围和性质产生怀疑。在上一章里，我们提到继承人为了了解他或她的遗产的深层含义而必须堕入阴曹地府。对于债务，我们也需要一段旅程来了解所获得的资产的性质，这些资产可能需要一生的自我探索才能发现其真正的价值。

对我们每一个人来说，这个发现的过程都是独一无二的。有些人可能会发现他们承担不起金钱的债务，或许他们内心的丰富无法产生大量的金钱来偿还债务。还有人会认为他们很适合承担债务，因为他们天性中的丰富能带来偿还借款的金钱。李五先是有土地神，后来又有康先生来守护他自己并不知晓的财富。在李五这个例子中，他天性中的财富是如此巨大，以至于让他最终获得了大量的金钱和财宝。

债务的负面影响对生活的压制与扼杀作用都是很容易看到的，但债务并不只是单方面作用的。就像遗产一样，它也同样会给我们带来一种资产。随生存债务而来的资产就是我们的生命，而随日常债务而来的资产便是金钱在这个世界上为我们增加的能量。李五的故事甚至可以被解读为，如果我们对自己的本性有充

第七章 债务：债务人的高塔如何连接天地

分的理解，我们就可以偿还日常的金钱债务。或者，如果我们有了这样的理解，就不会欠下与我们到底能赚多少钱的实际能力相冲突的金钱债务。

将债务和遗产进行对比可以帮助我们理解这一过程。我们不必为遗产付出代价是因为它来自过去，它是由我们的上一代人（或上几代人）给予我们的。那么，金钱的债务从何而来呢？我们不应该把它想象为来自银行或贷款人，而是应当认为它来自未来。当我们举债的时候，我们是在宣示我们未来的赚钱能力，我们正在说的是我们将会变成什么样子。在一定程度上，我们是在推测我们自己的天性将如何呈现。李五的债务反映了他将要发现的潜力，这种潜力早在李五从坟墓中发现银子之前就已经被土地神和屠夫所知晓。

这就是为什么，对于我们是否应当承受债务并不存在一套简单的法则。如果我们了解自己的生产能力，那么承担债务可以是一种提高我们生产能力的方式，这使它远远超出没有债务的情况下可能实现的水平。债务让我们能够得到冻结在阴间的财富，使其流通在我们所生活的这个绿意盎然、阳光普照的世界。

其中的危险在于我们未能理解我们自身和我们的处境。我们的借贷行为可能会有悖于未来的时间和能力，并发现我们事实上并没有提高生产能力，反而濒临破产。作为继承人，我们必须自我反省，才能明智地使用所继承的金钱，如此一来我们就可以利用可能的负债作为我们寻找真实自我过程的一部分。但是，在考虑债务问题的时候，我们不能忘了面前有一座没有入口的塔楼，即债务人监狱的意象。债务将我们的自由置于危险之中，是阿南希把它带给了人类，就如同普罗米修斯带来火种。它既有益处，

187

也具有可怕的破坏性。处理债务必须像对付火一样，仿佛它是一种狂暴的力量。

现在，让我们再回头看看所罗门的警示，更好地理解他的担忧。所罗门告诫我们不要成为邻居的保证人或为陌生人做担保。这两种情况都使一个人成为另一个人的债务担保人。这个问题正是所罗门所描述的："……你既落在邻居手中。"既然我们相信我们的内在天性会以某种方式呈现，为我们带来足够偿还债务的金钱。那么，如果我们各自承受，债务的负担虽已足够沉重，但至少我们还有能力承担。但是，如果我们成为他人债务的担保人，那便是在揣测他人的内在财富和未来究竟以什么方式呈现。以我们的自由为此冒险似乎并不明智，如果我们想帮助他人，相比于为了那种我们指望永远不必偿还的债务做担保，送一份我们确定自己负担得起的礼物可能要好得多。

生存债务和金钱债务的汇合表明，大量财富的积累如何反映了一种对于永生的隐秘愿望。我们早些时候谈到了西班牙征服者心目中的常青喷泉，在无限黄金之地（埃尔多拉多）喷涌而出。然而，人类的生命是与极限的冲突，我们并不拥有无限的财富，无限的力量，无限的生命。就连法老也要死去，尽管他们有权强迫奴隶和信徒一同赴死，充当死亡之路上的陪伴。作为罗马最富有的人之一，克拉苏眼看着儿子被砍下的头颅由帕提亚骑兵用一杆长矛挥舞着，没过多久他自己也失去了生命和头颅。每天在讣告中，我们都能读到一些人的名字，他们的巨额财富并不能使他们豁免我们必须用生命来偿还的那种生存债务。

从这个视角出发，我们看到了遗产的另一个侧面。继承人把继承遗产当作收到一笔资产，但是死去之人放弃了全部资产。无论这些遗产是大是小,对它们的放弃——和对生命的放弃——都是对债务的全额偿还。失去了那些无法使我们超越常人的财富,人们对于永生的难以言喻的渴望也就一同消失了。因此,通过无差别地彻底剥夺富人和穷人,只有死亡才能带来平等的再分配。但如果我们能逃避这种为了生命而欠下的债务呢?如果我们可以长生不老呢?

阿尔克提斯

这就是欧里庇得斯[1]的戏剧《阿尔克提斯》的主题。阿波罗神与他的父亲宙斯发生争执,被惹怒的父亲命令他到色萨利服侍一位凡人——费赖的阿德墨托斯国王。令人惊讶的是,阿波罗发现自己很喜欢阿德墨托斯这个公正而热情好客的人。为了给予主人一个恩惠,阿波罗说服命运三女神允许阿德墨托斯在临终时派一个人代替他去往冥界。如果有人自愿代替阿德墨托斯,他便可以继续活下去。他不必偿还自己为生命欠下的债务,也就是实现了永生的伟大梦想。

对阿德墨托斯来说,不幸的是没有人愿意替他赴死,甚至连他年迈的父亲也不情愿。唯一愿意为他而死的是他深爱着的年轻妻子阿尔克提斯。虽然现代女权主义者几乎不会赞成阿尔克提斯

---

1. 欧里庇得斯(Euripides,公元前480—前406),与埃斯库罗斯和索福克勒斯并称为希腊三大悲剧大师,他一生共创作了90多部作品,保存下来的有18部,他被称作古希腊"舞台上的哲学家"。

为丈夫牺牲自我，但她的行为是出于爱情和作为妻子的荣誉。无论如何，一旦阿尔克提斯在众神面前发誓，就没有人再能拯救她，甚至阿德墨托斯本人也不行。然而，随着时间的推移，阿德墨托斯发现自己越来越爱妻子，他无法想象没有她的生活。想到她的死，阿德墨托斯每天都感到悲伤，可他无法改变妻子的命运。

在上述背景下，这出戏从阿尔克提斯将要死去的那天开始。一开场，阿波罗面对着作为一个角色出现的死神，为阿尔克提斯乞求活命，但死神拒绝放她一条生路。很快，我们看到阿尔克提斯在她濒死的情境中告诉自己的丈夫，她"……不会再活下去，会被从你身边夺走"。她说她放弃了自己的生命，却永远无法得到全部的回报，"因为没有什么能比生命更宝贵"，但是她请求阿德墨托斯不要再婚，以避免让他们的孩子落入继母的厌憎之中。阿德墨托斯悲恸欲绝，向妻子保证永远不会再结婚，"……死了，我唯一的妻子，你会受到召唤吗……"阿尔克提斯死去后，合唱团对着阿德墨托斯唱道："离开我们，离开所有人，这笔债务即将死去。"

当阿德墨托斯还沉湎于悲痛之中时，有个旅行者来到他的门前。这位旅行者正是英雄赫拉克勒斯（罗马人称其为大力士），以惊人的力量和胆识闻名于世。他的母亲是一个凡人，但父亲是众神之神宙斯，所以他是一位半神。他的父亲宙斯已经颁布法令，命人们必须始终对旅行者热情接待。这种好客的态度推而广之的意义，就相当于村庄里的爱筵对于部落的意义。当人们出于贸易和朝圣的目的旅行时，他们会经常地遇到陌生人。该如何对待这些陌生人呢？宙斯要求予以款待的法令是一起分享住所和食

第七章 债务：债务人的高塔如何连接天地

物的命令。在这种被神圣化的分享中，同样蕴含着对大自然恩赐的热爱与感恩之情，正是这种感情激发了爱筵上对食物的分享。

阿德墨托斯是非常好客的人，尽管还在为阿尔克提斯感到悲伤，他却撒谎说，只是在为一个仆人哀悼，目的是让赫拉克勒斯能留在他的家里。一个仆人把死者的真实情况告诉了赫拉克勒斯，这位客人发誓要"拯救刚刚死去的女子"，以报答在丧亲之际仍然如此热情好客的主人。赫拉克勒斯去救阿尔克提斯，阿德墨托斯此时继续深陷于无法自拔的悲痛之中。之后，赫拉克勒斯回来了，领着一个沉默不语、完全藏在面纱后面的女子，当她最终展露面容时，赫然正是阿尔克提斯。赫拉克勒斯讲述了他如何伏击死神，并将阿尔克提斯从死神的怀抱中夺了下来。于是，阿德墨托斯和阿尔克提斯重新团聚。

像神一样无限

阿德墨托斯是一个非常有趣的人，因为他对那些起到限制作用的规则几乎没有任何感觉。他既提出毫无道理的要求，又做出不合情理的慷慨举措。他期望任何人都可以代替他去死，甚至包括自己的父亲，这令人震惊不已。为什么父亲要放弃自己的生命，让阿德默托斯活得更久呢？阿德默托斯并不是接受活人献祭的神，无论他与阿波罗的关系如何（在某些神话版本中，他们是情人关系），来自神的恩赐都会让阿德默托斯忘记自己的天性。他与自己作为人类的生活失去了联系，也丧失了对他人需求的理解。此外，和许多神奇的愿望一样，获得永生也有一个明显的缺点：比我们所爱的人都更长寿。

从积极的方面来看，阿德墨托斯是最慷慨的主人。在这件事情上，他同样缺乏限制感，他是否在为妻子哀悼并不重要，他愿意通过撒谎来保证赫拉克勒斯受到宙斯规定的热情款待。当然，阿德墨托斯也认识到爱筵中隐含的债务，大自然的恩赐是属于我们所有人的，必须加以分享。这种慷慨让他在第一时间获得了阿波罗的巨大帮助，在这部戏的结尾，被他打动的赫拉克勒斯将阿尔克提斯送回他的身边。

在阿德墨托斯身上，我们看到了生存债务所引发的相互矛盾的冲动。

一方面，我们想拒绝债务，我们不想死，我们渴望在肉体上实现永生。从这个角度来看，永生是免除债务的前提。这种拒绝接受限制的行为就导致了自私，无论是相信父亲应该代替儿子去死，还是囤积财富，就好像财富的力量可以抵挡死亡，都显示出这种自私的倾向。

另一方面，意识到生存债务可能会让我们作出自我牺牲和无私奉献。在《圣经》中，保罗表达了他对此的理解："凡事都不可亏欠人，唯有彼此相爱。"如果我们感受到为生命所欠下的债务，我们便更加靠近了人道。我们全都是欠债的人，无论是给予者还是接受者。在一个以金钱为基础的经济社会中，为了荣耀爱筵所蕴含的精神，我们会希望金钱的流通方式可以减轻人类的痛苦并有利于人类境况的改善。

如果阿德墨托斯的世界对我们来说是遥远的、虚构的或古老的，我们也可以很容易在当代发现类似的事。一个例子是，美国

第七章 债务：债务人的高塔如何连接天地

联邦政府的巨额债务正在代际之间转移财富。预测显示，未来的纳税人将比今天的纳税人缴纳更高比例的收入作为税收，而今天的纳税人从债务增加中受益，因为他们负担的税率较低。如果这是真的，那么负债的这一代人正在夺走后代的生命活力，就像阿德墨托斯愿意夺走他年轻妻子的生命活力一样。另一个例子是，任何医疗体系改革都可能需要对挽救生命的药物和手术进行限量供应。由于富人能够在这一体系之外购买他们需要的任何医疗服务，就像阿德墨托斯这样的人，与那些必须接受限量供应的人相比，他们可以拥有更长的预期寿命。一方面，的确存在人体器官的非法交易，贫穷国家的人出售肾脏等器官，移植给较富裕的国家中那些追求更长寿命的人。另一方面，也有无私的人出于帮助他人的目的捐献器官。在这里，他们当然就像是阿尔克提斯。这些利他主义行为会受到医疗中心的严密审查，以确保在做出捐赠器官的决定时，不存在胁迫，无论这种胁迫是多么微妙。

要了解阿德墨托斯是如何存在于我们每个人身上的，我们能不能想象真有这么一个人呢？他是如此的热情好客，以至于任何客人都不会被拒之门外。会有人宁愿即使自己受穷也愿意给予吗？或者相反，哪怕是从别人那里夺走生命，也会有人向往着拥有越来越多的生命吗？从别人那里夺走"生命"意味着什么？这又怎么能够做得到呢？如果我们找到了一个像阿德墨托斯这样的人，既渴望热情好客，又想要夺走他人的生命活力，我们就会发现一面能让我们更清楚地看到自己的镜子。

债务也折磨着伟人

在想起那些建功立业的伟人时,我们很少会想到债务。然而,正当约翰·狄更斯在债务监狱里苦苦挣扎时,一位受人尊敬的美国人发现自己的晚年生活受到了债务问题的困扰。作为发明家、建筑师、农场主、《独立宣言》的起草者和美国总统,托马斯·杰斐逊曾提议美国货币以"元"为单位,并采用十进制,他的能力和成就造福了他的国家,也为人类留下了一笔遗产。

尽管留下了这笔遗产,杰斐逊还是因为金钱债务陷入了巨大的焦虑。虽然他看起来很富有,通过几次继承得到了不少土地和奴隶,但事实上,这些遗产中很多都是有抵押贷款的。为了公共事业,他先是前往法国,后来又去了华盛顿,而这些债务随之恶化。1787年,44岁的杰斐逊从巴黎写信,向一位朋坦诚:"我的心灵忍受着痛苦的折磨,直到我再也不欠一个先令的那一刻,这真的使我的生命没有丝毫的价值。"但是这个无债一身轻的时刻从未到来,事实上,杰斐逊在晚年生活中一直对债务问题忧心忡忡。

虽然债务缠身,杰斐逊一生都表现得十分慷慨。尽管也向往着更个人化的生活,他还是毫不吝惜地将时间和精力投入公共领域。"我终生都在与自己天生的品位、感情和愿望作斗争,家庭生活和文学追求是我的第一个,也是最后一个爱好……在我生命之初,我们国家里每一个诚实的人都觉得自己必须付出最大的努力参与到国家的命运当中。"

第七章　债务：债务人的高塔如何连接天地

在私生活里，他遵循好客的礼节，不仅邀请了许多客人和朋友，就连陌生人也可以指望在蒙蒂塞洛[1]得到食宿。女儿玛莎抱怨说，杰斐逊不停地陪伴客人，没有时间与她相处，他回答说："我们国家的规矩和习惯是我们不可能背弃的行为准则。"所以他的生活恪守此类规范，就像几千年前宙斯所颁布的一样。

杰斐逊一丝不苟地记录着他的日常开支，但似乎不愿意牢牢地记住自己的总体财务状况。在担任了两届总统以后，他在1809年卸任时发现，所欠下的债务比他想象的还多1万美元。这在今天也是一个可观的数额，在当时更是一笔巨款。1814年，杰斐逊告诉他的孙子，"如果他（杰斐逊）活得太久，可能会让他的家人挨饿，他不得不招待的人多到吞噬了他的财产"。然而，他并未改变自己的行为方式，因为他受制于热情好客的行为准则和陪伴他人时享受的乐趣。就在杰斐逊不停地招待他人的时候，蒙蒂塞洛却逐渐破败。举一个小例子，客人们坐在有皮革衬底的漂亮椅子上，但衬底已经破了洞，四处露毛。

杰斐逊的财务状况受到农业市场波动和银根紧缩的影响，这使得他的土地很难以理想的价格售出，但他为人处世更多是出于友谊，而非节俭。1818年，他以个人担保人的身份签署了一笔2万美元的贷款，急需这笔钱的是他的密友威廉·卡里·尼古拉斯。杰斐逊这种做法有悖于所罗门的警告——不要成为他人的债务担保人。杰斐逊将自己置于"邻居的手中"。被认为拥有30万美元净资产的尼古拉斯于1819年宣布破产。

杰斐逊把这称作"致命一击"，因为现在他永远都别指望摆

---

[1] 指杰斐逊的"自传体"式建筑杰作及其故居，坐落于弗吉尼亚的夏洛茨维尔。

脱债务了。1823 年，在接近并超过 80 岁高龄的时候，他担心自己和女儿以及孙辈可能会被赶出蒙蒂塞洛，无以为生。"就我自己而言，"杰斐逊在写给孙子的信中说，"我不应该惧怕财运耗尽，但是我离开家人时可能出现的状况让我难以承受。"家庭陷入贫困的可能性令杰斐逊感觉"前途渺茫"，除了对家人的关心，他觉得自己"并不在乎当我写下这句话时生命便告终结"。

萧条的市场使卖地还债没有可能。取而代之，杰斐逊想出了一个发行彩票筹款的主意，博彩的中奖者将获得土地，这需要得到州立法机构的批准。1826 年 2 月，当彩票法案通过时，关于杰斐逊陷入困境的消息已传遍全国。无论南方和北方，公民们团结一心募集资金，以确保这位曾为国家贡献良多的爱国者在生命的最后时光不会堕入贫困。纽约市筹集了 8 500 美元，巴尔的摩筹集了 3 000 美元，费城筹集了 5 000 美元，其他城市的市民也做出了贡献。因此，就像在爱筵上分享食物一样，杰斐逊的慷慨也换来了他为之服务多年的公民们的慷慨。

1826 年 5 月，杰斐逊的健康状况急剧恶化，但他希望能活到 7 月 4 日，也就是《独立宣言》签署 15 周年的纪念日。在走向死亡时，他相信来自各个城市的捐助已经了结了他与债务展开的搏斗，并为他的女儿和孙辈保住了蒙蒂塞洛。7 月 2 日，他陷入昏迷，但几次恢复知觉，询问 7 月 4 日是否已经到来。7 月 3 日晚上，他最后一次问："今天是 4 号吗？"他的医生对此回答说："很快就要到了。"说完，杰斐逊再次陷入昏迷，于 1826 年 7 月 4 日凌晨一点前后逝世。

杰斐逊辞世的日期强调了他的一生所留下的遗产——不仅是作为蒙蒂塞洛主人的他在天性中的热情好客，而且对于这个他为

第七章　债务：债务人的高塔如何连接天地

之起草了《独立宣言》的国家，他是一个做出巨大贡献的人。然而杰斐逊也拿走了不属于他的东西。后来证明，他临终前认为可以用捐款偿还债务的想法是错误的。事实上，他去世时的债务高达10万美元以上，数额太大了，所以他的女儿和孙辈们不得不放弃蒙蒂塞洛，这座优美的庄园被空置了几年以后，最终以7 500美元的价格售出。

杰斐逊欠下的10万美元来自他人的生命活力，这笔钱是属于那些人的。就像阿德默托斯渴望父亲的生命活力一样，杰斐逊通过迫使债权人做出牺牲，增加了自己的能量。他的精彩生活已经从继承中受益，又通过花费这些表现为未偿债务形式的金钱获得了生命活力。这些债务远远超过了蒙蒂塞洛和杰斐逊其他资产的价值。

杰斐逊还以另一种方式拿走了不属于他的生命活力。杰斐逊将热情待客的传统作为其行为规范，但却没意识到这套规矩是建立在奴隶制度的基础之上。田地里的奴隶生产出招待客人的食物，家里的奴隶负责做饭、料理家务和洗衣服。如果没有这些无偿的劳动，杰斐逊会发现遵循这种热情好客的行为规范的成本要高得多，或许根本就不可行。

杰斐逊也没有意识到这是一种对奴隶生命的褫夺。他撰写的《独立宣言》里有一段著名的开场白："我们认为这些真理是不言而喻的：人人生而平等，造物主赋予他们若干不可剥夺的权利，其中包括生存权、自由权和追求幸福的权利。"事实上，杰斐逊憎恶奴隶制度，却还是拥有奴隶。在1785年出版的《弗吉尼亚札记》（*Notes on Virginia*）中，他对奴隶制度提出了控诉："当我们清除了一个国家中自由的唯一坚实基础，即人民心中认为这些自由是上帝所赐的信念时，这些自由还能够得到保证吗？……实际上，每当我想起上帝的公正，我就会为我的国家担心不已。"

因此，杰斐逊从为他服务的奴隶那里得到了他认为是由上帝赐予的自由。提出这一点是为了看一看我们当中最优秀、最富有的人如何生活在妥协和道德的模糊性之中。杰斐逊认为奴隶制是不公正的，债务给杰斐逊带来了巨大的个人痛苦，这两者使他得以维持一种比他原本可能拥有的更伟大的生活。与其为此谴责杰斐逊，我们更应当努力理解我们每个人怎样（像阿德默托斯那样）索求他人的生命活力，或者怎样（像阿尔克提斯那样）将属于我们的生命活力交予他人。

无法估量的债务

债务人监狱的意象在债务和自由之间形成了一种具有象征意义的联系。时至今日，债务的囚禁力量的象征已然消失，因此债务监禁更难捉摸，也更难以理解。我们必须充分发挥想象力才能够理解债务之塔的意象。我们必须跨越日常生活的边界，进入潜意识中的生活，在那里，信用卡什么也买不到，生存债务是我们生而有之的恩赐与负担。通过这种方式，我们与债务和金钱之间的关系有可能成为一种创造性的关系，一种表达我们的内在天性的方式，它同样来自将生命注入诗歌和艺术的那种灵感。

荣格写的奇幻剧引领了所有充满创造性的作品。"没有这种幻想的游戏，任何创造性的作品都不会诞生。我们在想象力游戏中欠下的债务不可尽数。"这种无法估量的债务使我们能够探索自己深层的天性。在这场想象力的游戏中，我们有机会意识到自己内心中隐藏不露的东西。幻想让意识的世界遇见潜意识的世界。它让囚犯意识到，囚禁之塔直上九霄通往灵性的生活。它让我们每个人都可以衡量我们的金钱债务，而这仅仅是我们一生所欠下的比这多得多的债务的一部分。而对债务的探索，无论是为了金钱还是所欠债务，可以展露我们无法想象的资产，就像那忠诚的大地之神守护的银子，是那个挥金如土的年轻人李五所无法想象的。

第八章
变化的符号:钱、信用卡和银行

第八章　变化的符号：钱、信用卡和银行

很久以前，有个商人用木头雕刻出一个墨丘利的雕像，把它放到市场上出售。但是无论他如何夸耀这个雕像，还是没有人愿意买它。于是他换了一种方法，开始大声叫卖："销售之神！销售之神！能让你发财，能给你好运！"最后有人来问他，如果墨丘利真能带来这种好运，为什么他不把雕像及其带来的好运留给自己呢？商人回答说，"它的确能带来好处，但是需要时间，而我马上就需要钱。"

这个名叫"雕像卖家"的故事出自《伊索寓言》，它暗含的意思是这个商人其实是个骗子，他对自己这个雕像的吹嘘远远超出了真相。假如这个雕像真有商人夸耀的作用，为什么他自己不等一段时间再享受它能带来的好运呢？事实上，他想象的好运只是表现为金钱，他却没有想过金钱象征着什么，比如生命的活力和整个群体的生产能力。或许在制作这个雕像之前，商人就应该

好好地想一想，也许随着时间的流逝，他能从制作出这个雕像的创意过程中获得更加深刻的理解。墨丘利之类形象的价值在于，它可以将我们内心的丰富与金钱作为符号和工具，而不是作为目的的角色联结起来。

然而，从许多方面来看，商人这种态度具有相当的现代性。在我们生活的这个世界里，想赚"快钱"的愿望随处可见：消费者的沉重债务负担，一年年赤字运行的政府，破产的个人和企业数量之多，在不久以前都还是不可思议的。我们都知道联邦政府债务的规模有多么巨大，但是当我们意识到，美国的个人债务（包括消费和抵押债务）占年度可支配收入的比例，已经从1950年的35%上升到今天的80%，或许我们就想要知道如此沉重的负担到底给我们的日常生活带来了哪些影响。

为了理解我们为什么对债务变得如此习以为常，就一定要先知道身边那些符号在哪些方面发生了改变。举例来说，在整个20世纪，虽然我们的金钱在本质上一直保持着相同的形象，但是其实它已经发生了巨大的变化。我们的货币不再是由黄金和白银之类贵金属作为支撑，而变成了简单的一张纸。除此之外，金钱的象征意义如今也面临着信用卡的竞争，后者在我们以消费为导向的经济中无所不在。信用卡的广告，再加上不必立刻偿还债务的方式都促使我们相信，这些神奇的卡片从实质上创造出了"快钱"。对于史无前例的大量破产案例而言，信用卡债务是其背后的重要推手。最终，各个银行改变了它们与社会的关系及其自身结构的象征意义。1900年之前，很少有银行会向个人放贷，而今天的银行，来自信用卡的利润已经在其整体获利能力中占据重要地位，甚至关乎一家银行能否存续。

第八章 变化的符号：钱、信用卡和银行

这些正在变化的符号和新型关系就像是一块块的拼图，本章试图将它们拼凑在一起，以便更好地理解，渴望"快钱"对我们每一个人和我们这个社会产生了什么样的影响。但这并不意味着我们正面临着灾难，它只是认可了崇拜金钱的现实。如果不能理解金钱在外部世界发生变化的本质，我们就不可能透过金钱对我们的内心世界进行探索。

金钱的变化

前面有一章里，我们讨论过威廉·詹宁斯·布莱恩为了让白银成为与黄金并列的货币金属所进行的出色斗争，他的"黄金十字架"演讲指出了黄金所具有的深远象征意义。虽然战胜了格罗弗·克利夫兰总统赢得民主党提名，但在 1896 年和 1900 年的两次总统选举中，他都被共和党人威廉·麦金莱完胜。

共和党人以《1900 年金本位法案》的通过开启了新世纪，其中的关键条款是确认黄金作为主要货币金属的地位，并将其奉为价值标准。该法案规定，"包含 25.8 格令 90% 纯度黄金的美元金币……应当作为标准价值单位，美国发行或铸造的所有形式的货币都应当与此标准价值相当"。白银并没有被排除在货币金属之外，但其主要用途是针对小面额钞票（10 美元及以下）和硬币。包括"绿背票"在内的所有纸钞都可以在财政部兑现黄金。财政部发行的黄金或白银兑换券，总金额最高不能超过其金库中信托基金所持有的黄金和白银。

很简单，纸钞存放在国库中并可用于兑换的一定数量的黄金或白银。因此，一张 20 美元的钞票可以理解为，"它证明有价值 20 美元的金币存放在美利坚合众国的财政部，见票即付持票人"，而一张 5 美元的钞票则是指"见票即付持票人 5 美元银币"。这些钞票被称为"黄金券"和"白银券"。

然而，如果我们看看今天的纸钞，就会发现并没有提到白银或黄金。取而代之的是，我们持有并使用"联邦储备券"[1]。1907 年的金融恐慌，以企业缺乏足够信贷为标志，它推进了需要某种机制来提高货币供应弹性的警觉。这一机制就是联邦储备系统，它创建了一个由授权发行联邦储备券的联邦储备银行组成的网络。暂不去深入钻研该体制的技术细节，简单来说，就是它允许以银行的流动资产（例如从企业获得的商业票据）作为发行联邦储备券的准备金。虽然 1913 年的美国《联邦储备法案》要求这种储备须包括一部分黄金，但罗斯福总统为应对大萧条施行了新的银行法规，取消了美元背后的任何黄金支持，事实是将使美国公民使用或持有金币变成非法。无独有偶，在《1900 年金本位法案》颁布 33 年之后，黄金不仅要停止流通，而且法律还禁止美国公民囤积黄金或使用黄金作为货币。

黄金继续在国际货币交易中充当储备金，但是它并不会从一个国家流动到另一个国家，尽管 19 世纪的古典经济学家认为这是保持国际贸易平衡的必要手段。第二次世界大战以后，美元发挥了国际通货的作用，是受到信赖的价值标准。然而，随着越来越多的美元在全球流通，帮助各国经济从战争中复苏，美国持有

---

1. "联邦储备券"是印在美元现钞上的正式名称。

的黄金储备不足以按照每盎司黄金35美元的官方比率兑换市面上流通的美元。1971年8月15日，尼克松总统暂停了向外国中央银行持有的美元兑付黄金。黄金的价格不再拥有每盎司35美元的价格担保。截至1979年，黄金涨到了450美元每盎司，如今则在400美元上下浮动。

不仅黄金从我们手中消失并最终退出了国际汇兑，白银也从流通中突然不见了踪影。20世纪60年代，随着我们的硬币中所含白银的价值超过了硬币的面值，人们开始囤积这些硬币。1965年，美国财政部办公室将白银券兑换为白银的权利被暂停。

此外，硬币的含银量也大幅减少或排除。例如从1932年到1964年，乔治·华盛顿半身像的25美分硬币由90%的银和10%的铜制成，而从1965年开始，该面值硬币的成分变成了75%的铜和25%的镍。这种新硬币在价值和外观上都不能和之前的银币相提并论。根据格雷欣法则[1]，价值较低的硬币能将价值较高的硬币立即逐出流通。如果可以用价值远低于25美分的金属硬币付款，为什么还要用所含白银价值可能超过面值的25美分硬币付款呢？因此，不仅是黄金，白银也同样不再发挥金钱的作用。

当然，从很早的时候起，黄金和白银就是人们所珍视的金属。早在市场经济将其用于交换目的之前，它们的美丽和装饰用途就为它们赋予了价值。我们不再以黄金和白银作为我们货币的支撑，就是放弃了具有深刻象征意义的金属。当然，对这些金属的信任部分是基于它们的稀缺性。发现和开采这些金属的难度使

---

1. 即现在通常所说的"劣币驱逐良币"的法则。格雷欣是16世纪的一个英格兰商人，他最先提出这一论点。

得它们的供应量不太可能突然增加。然而，黄金和白银的象征力量也促使人们相信其价值。

黄金象征着太阳之光，神的智慧的强烈光芒。因此，黄金代表着最优越的东西，并将这种特质传递给物质世界中的对象。国王的金质王冠代表着神圣的权力和启迪，而金质的货币暗示着神圣的优越性。白银也是优越的，象征着月亮的光芒、明亮、纯洁、天真、贞洁，甚至雄辩。

这两种金属之间有一种象征性的张力，黄金等同于太阳和男性，而白银相当于月亮和女性。这或许可以部分解释金本位支持者和双金属本位支持者之间的激烈斗争。譬如说，白银支持者在1878年通过了一项议案，要求美国财政部每年购买一定数量的白银，以转换成美元银币。拉瑟福德·海斯[1]总统否决了该议案，认为该议案"有违神圣的义务"，表明了他对黄金本位的深信不疑。当然，威廉·詹宁斯·布莱恩谈到货币应该由黄金单独支撑还是也应该由白银共同支撑这一复杂问题的时候，争论还未涉及这两种金属的深远而古老的象征性内涵。我们不能用美元、欧元或日元来衡量这一象征性内涵的价值，但我们必须意识到，我们今天的金钱背后既没有黄金，也没有白银。它的价值完全基于我们作为个人以及整个社会所拥有的生产能力和资产。

我们的金钱不只在象征性上，也在大小上都发生了变化。较大的纸钞是从1861年开始发行的，但政府试图节约纸张成本，1929年7月10日，美元纸钞尺寸从9.125英寸×3.875英寸缩小

---

1. 拉瑟福德·海斯（Rutherford Hayes，1822—1893），美国第19任总统，于1876年当选。

到 3.938 英寸 ×3.125 英寸。货币学者将我们现在的纸质货币称为小型钞票。奇怪的是，纸钞的缩小与经济生产率下降的大萧条如此相似。然而，当我们使用这些钱的时候，我们几乎从未想过它们已经改变，不仅纸钞不再是黄金和白银兑换券，变成了美国"联邦储备券"，它的尺寸已经缩小，而且我们的硬币其主要成分也不再是白银。

为什么使用信用卡不同于花钱

尽管我们的货币不再以金银等贵重而漂亮的金属为后盾，可我们仍然受到其象征力量的影响。以至于不知是什么原因，大多数人更不愿意花现金，而是使用信用卡。用现金支付仍然象征着以生命活力献祭，而信用卡消除了发生的债务永远不需要偿还的可能性。

如今，信用卡俯拾即是。美国有超过 10 亿张信用卡，75% 以上的美国家庭要么持有维萨卡，要么持有万事达卡，或兼而有之，这还不算美国运通卡、大来卡，以及石油公司和零售商店的各种卡。一些习以为常的活动，比如租车或订票，没有信用卡就会变得极其困难，甚至不可能实现。信用卡广告展示了接纳、愉悦和成功的意象。美国运通用"会员有其特权"这句话强调其尊贵的价值。维萨寻找美国运通卡不被接受的异国场所并声称："维萨卡，让你去到任何想去的地方。"万事达信用卡支持那些"把握当下"的人，好像信用卡本身就是充分享受生活的关键。

作为一项近代的发明，信用卡最初是爱德华·贝拉米在他的乌托邦小说《回顾：公元2000—1887年》(*Looking Backward 2000—1887*)中构思出来的。出版于1888年的这部小说，着力描述存在于公元2000年的理想社会制度。小说的主人公朱利安·韦斯特于1887年陷入沉睡，醒来时却身在2000年的波士顿，那座城市与他入睡的时候已截然不同。当朱利安与利特博士交谈时，他了解到一个不再使用金钱的城市和世界。

利特博士解释说，"一旦国家成为各种商品的唯一生产者，就不需要个人之间的交换来获取他们之所需。所有的东西都可以从一个来源获得，而且任何东西都不能从其他任何地方获得。这种从国家仓库直接分配的制度取代了贸易，如此一来金钱就不再是必需的了。"

然后，利特博士给朱利安出示了一张信用卡，就是一块"硬纸卡片"，他告诉朱利安，这张卡是按照一定金额的美元发行的。我们保留了"美元"这个从前的单词，但不是其实质内容。在我们使用这个术语时，它不再对应真实的事物，而只是作为一个代数符号，用来比较不同产品的价值。

1888年，当爱德华·贝拉米的这部小说出版时，第一次描述了这张尚不存在的邪恶的硬纸卡片。在1900年，一些酒店便开始向最尊贵的顾客发放信用卡，1914年，百货公司和连锁加油站也纷纷效仿。从1947年开始，铁路和航空公司也提供信用卡。然而，现代信用卡数量增长的关键节点是大来公司在1950年引入的"新型"信用卡。

大来公司并不是像百货公司和其他零售商那样，通过信用卡提高自有商品的销售，而是充当一个中介。持卡人可能会在接受该卡的一系列餐厅购买一餐饭食，然后大来公司会向餐厅付款，并向持卡人收取欠款。过了一年，美国富兰克林国民银行于1951年推出了第一张银行信用卡。此类银行信用卡是现在使用最广泛的卡，可以用来购买各种各样的商品和服务。

因此，信用卡的含义与贝拉米创造这个词语时的想象有所不同。如今的信用卡允许用户为商品或服务付款，而账户中无须像贝拉米所说的那样预先存入任何资金。实际上，信用卡用户是在借钱。这是得到允许的，因为这些公司发行信用卡是基于持卡人的信誉。在收到账单时，持卡人可以通过还款将债务消除。

事实上，使用银行卡的每一笔交易都涉及五方：商家、客户、商家的银行、信用卡公司（如维萨或万事达）和客户的银行。消费者在使用信用卡的情况下购买的金额会高于不得不支付现金的时候，商家可以从中获益；客户则享受了使用这种卡片的便利；商户的银行收取相当于总消费金额百分之几的费用；信用卡公司和客户的银行也都能分享商家向其银行支付的这笔费用。此外，发行信用卡的客户银行还向持卡人收取20—35美元的年费，以及对持卡人未按时偿还的金额收取利息。这项利息收入在银行的全部信用卡收入中占到75%以上。

此类收费使信用卡成为银行的巨大利润来源。1989年，美国银行的信用卡业务净利润达到41.1亿美元，占美国银行业当年总利润157.3亿美元的26%。在随之而来的经济衰退中，尽管客户的消费减少不能即时偿还信用卡余额，使信用卡业务的利润下降，但它仍然是银行利润的重要基础来源。20世纪80年代，投入美国国内房地产开发商和海外欠发达国家的不良贷款相继崩盘，到了20世纪90年代，各个银行仍然坚持不懈地追捧信用卡客户。

虽然我们可以理解银行为何希望消费者持有信用卡，但为什么消费者也如此乐于为银行贡献利润呢？除了可以享受便利这个因素，以及可能存在的借钱购物的需要，信用卡还能给人一种无形的富裕感，一种神奇的扩张感和力量感。它将世界置于我们的掌控之下。正如美国运通反复告诉我们的，"没有它，不要离家"。通过携带一张卡片，我们可以随身携带自己的家，我们确保陌生人会像家人一样对待我们，送给我们无数礼物和帮助。他们将像尊敬宙斯般款待陌生人。毫无疑问，每一张美国运通卡上印着的古代武士都在向我们保证，我们在使用这张卡的时候是安全的、英勇的，甚至是高贵的。

美国运通卡印成绿色或金色并非偶然。绿色当然代表始终处于死亡和重生的循环之中的植物世界的颜色，卡片的绿色甚至可能暗示了，我们使用这张卡片所花掉的钱一定会像植物那样自我补充。黄金是作为冥界财富的金属，无论是从地下开采的真正的黄金，还是作为我们内心之丰富的象征。那也就是为何有这么多的银行卡都是金色的（或银色的，作为财富的象征，白银是仅次于黄金的）。

通过利用这样的意象，信用卡给我们带来一种债务永远不需要偿还的幻觉，进一步使之强化的是，银行卡只需要每月偿还最低还款额，而不是必须支付全部欠款。只要偿还了这个最低限额，我们就是声誉良好，信用可靠。从债务之中，我们通过消费的形式获得了额外的能量，我们拥有了更多的活力。美国运通最近的一则广告显示，它的信用卡被一家销售生态健康产品的连锁店所接受，并在结尾时告诉我们，美国运通"在……有益于你的灵魂的地方受到欢迎",这样的信用卡显然不仅仅是一张去往异国他乡和拥有名贵消费品的票证,而是在不朽的深渊中为我们提供的救赎。

信用卡广告可能看起来有欺骗性,但我们不应该把受骗上当归罪于这种广告。如果我们没有相信的意愿,没有乐于把自己想象成这些广告所创造的幻境中的演员,它们就不会成功。这种自欺欺人的根本原因是我们不愿意把我们已经获得的东西和我们希望有一天能获得的东西区别开来,或者不愿意将我们是什么样子和我们希望成为什么样子区别开来。所以有一则广告在提到信用卡的额度时最后说的是:"你赚到了。"

这是一种误导,但是它很悦耳。我们似乎听说过,那些努力工作、收入丰厚的人就是那些得到信用额度的人。一个天真的听众甚至可能会想象,当"你赚到了"的时候,你一定是以存款的形式拥有了。当然,再也没有什么比这更加离谱了。

对以肆意挥霍为时尚的20世纪80年代的谴责很快烟消云散,最具创意的信用卡广告试图让20世纪90年代有所不同,甚至是重新加以定义。我们这些爱好娱乐的享乐主义者不再热衷于购买无用的小玩意儿,或者在海岛沙滩上消磨时光。90年代重塑了我们所有人(包括那些在80年代催促我们消费和享受的信用卡公司),因此我们现在是节俭而聪明的消费者。

"把握当下"并没有让万事达卡获得它所希望的市场份额,因此万事达卡找到一家新的广告公司,为20世纪90年代编造出信用卡的新用途。当电视屏幕显示异国情调的度假景观时,一个男人的声音问道:"你知道那些告诉你去异国天堂的信用卡广告吗?这并非其中之一,我们要把万事达卡带进超市。"视频切换到超市的内景,同时那个"友好"的声音问道:"异国情调怎么样?"当使用万事达卡购买食品杂货时,这种选择的明智在收银台得到解释。那个无所不知的声音告诉我们,"可以聪明地利用月度账单来记录你每月的杂货支出"。

这则广告以一个巧妙的保证作为结尾:"万事达卡,它不仅是一张信用卡。它是聪明的钱。"包括"你赚到了"或"它是聪明的钱"等口号的问题在于,它们都暗示着银行正在寻找见多识广且信誉良好的消费者来使用它们的卡。这些诚实的消费者自然会按照期限支付账单。然而,按时还款的消费者并不是银行真正想要的信用卡持卡人。在有关信用卡的术语中,优质的还款人被称作"搭便车的人"。他们几乎等同于窃贼,是带来问题的人,这些人敢于享受信用卡的便利,但是对于在银行信用卡业务利润中占75%的利息收入,他们却没有做出合理的贡献。

一旦银行认识到优质还款人并不是理想的客户,他们就开始追逐那些更愿意每个月只偿还最低还款额而保持循环余额并支付利息的人。对于信用卡公司来说,大学生是一个最为渴望的目标群体。在美国560万全日制四年学制的大学生中,有超过一半的人持有信用卡。这些年轻人的品牌忠诚度格外受到青睐。万事达卡认为,有65%的人使用他们的第一张信用卡的时间会达到15年以上。

于是,一张题为"学生专用——所有学生均有资格"的花旗银行万事达卡的宣传单声称,"花旗银行知道像你们这样的学生已经成为负责任的,值得信赖的持卡人。所以我们向你们推出一项特别的学生专享服务"。宣传单告诉学生,"你们将一直享有选择权,在免息特惠期内全额偿还购物余额,或是将你的还款义务随时间分散。你自己决定哪一项更适合你——花旗银行给予你选择权"。在提到这张信用卡如何"能帮助你更好地建立信用记录"之后,宣传单上又承诺,"起初,我们会为你设定一个信用额度,满足你的需要并回报你负责任的还款行为,当你的财务需求提高时,再为你提高信用额度"。

这一销售攻势有一个令人惊讶的关键要素:"无须担保人或最低收入——那么现在就申请吧!"这真是太神奇了,一个没有收入的年轻人可以获得一张有信用额度的信用卡。毫不奇怪,许多大学生并没有比他们的父母更好地处理信用卡债务的能力。所以我们听说,有一个休敦顿大学的新生既没有工作也没有信用记录,但很快就得到了8张信用卡(包括3张维萨卡)。她发现自己无法控制消费的冲动,到大学三年级的时候,她欠下了6 800美元的债务,失去了所有的信用卡,只剩下不良的信用记录。

这样的故事还有很多。它们是银行通过信用卡获得利息收入所带来的必然结果。对银行来说,在这项整体盈利的业务中,那些违约的大学生只是一项负面统计数据。

自欺欺人的并不局限于大学生。举例来说,在20世纪80年代,许多人根本不承认他们曾为信用卡支付过利息,而事实上有三分之二的人都这样做过。通过否认支付过任何利息,这些持卡人就不会去问利率究竟是多少。如果他们问了,便会发现,在整个80年代,这项利率平均接近20%。那些相信自己能在下个月偿还循环余额的消费者向银行贡献了数十亿美元的利润。

信用卡客户对利率的不敏感早在20世纪50年代就已经表现出来了。信用卡余额平均收取的利息水平为19.8%,而当整体银行利率在80年代下降的时候,这个利率却并没有降低。在90年代初的经济衰退中,银行支付给储户的利率到1993年降至2%—3%。与此同时,银行向信用卡借款人收取近20%的费用。这样的利率差使信用卡业务非常有利可图,它可能也是一些银行即便没有无利可图的房地产贷款也没有倒闭的原因。

美国国会里发生的一场非同寻常的斗争最终帮助信用卡持卡人提高了意识。1991年11月12日,老布什总统发表讲话,敦促银行降低信用卡利率。他认为,这将鼓励消费者消费并提振经济。11月13日,纽约州共和党参议员达马托提出一项法案,为信用卡利率设定了14%的高限,这远低于18%—24%的该州高利贷利率。

然而,当该法案在参议院以74票对19票获得通过以后,却被白宫否决。财政部长称这项计划是"疯了",并将股市下跌120点归咎于它。副总统说,数百万人将失去他们的信用卡,而美联储主席的结论是,银行会因少收利息而损失必要的利润。令人尴尬的事实是,如果利率降低,且信用卡只发给那些肯定能还款的人,便会有很多人失去信用卡。而可能失去信用卡的这些人正是维持债务循环余额并支付高额利息的人,也正是他们让许多银行免于破产。这部法律由于为这种利率设定了上限而广受欢迎,但是老布什总统现在不得不威胁要将它否决。

虽然达马托的提案并未变成法律,但它确实帮助人们在信用卡利率问题上变得更为敏感。银行开始在利率上展开竞争,信用卡的平均利率水平确实略有下降,但与汽车贷款或住房抵押贷款等有担保债务的利率相比仍然非常高。

因此,信用卡的神奇作用只是一种幻觉。如果说它真有什么魔力的话,那也不在于信用卡本身,而是它收取的利息。著名银行家德·罗斯柴尔德男爵虽然说不出世界七大奇迹，但他说复利是第八大奇迹。按照12%的年利率，一笔借款在6年多一点的时间里就能翻倍（部分原因是上一年支付的利息在随后的几年里都能赚取利息）。在信用卡那种高达20%的利率下，欠款金额将在不到4年的时间里翻一番。换句话说，如果一个持卡人欠下2 000美元，并且每月偿还最低还款额，他要用22年时间才能还清这笔债务，如果年利率是19.8%的话，他需要支付的利息是4 919美元。

尤其从利息成本的角度出发，值得注意的是，有多少人每月偿还最低还款额，却以为自己在金钱上没有问题，他们并不把自己当作债务人。在信用卡发卡机构的招徕之下，填一张申请表便获得批准，然后他们就赢得了被授予信用额度的权利。谁能比银行更清楚某人的财务情况是否有资格得到一张带有信用额度的信用卡呢？显然，每月支付最低限额似乎得到了银行的首肯，只此一项便可以被认为是信誉良好。

驱散信用卡的幻象

关于信用卡的危险信号是众所周知的。事实上，其中一个迹象就是每月只能偿还最低还款额，另一个标志是用信用卡购物（尽管万事达卡的促销活动称，他们的卡用在超市里就是"聪明的钱"）。使用信用卡预借款来偿还其他债务，通过购物来消除无聊或抑郁，并使信用卡欠款余额达到最高上限，致使在紧急情况下无法获得资金，这些也都是预警信号。此外还有，用信用卡为朋友支付购物费用，而将朋友偿还的现金视为自己挣到的钱，经常在信用卡上争取更高的信用额度，反复使用房屋资产净值信用额度，寻求债务合并贷款，拒绝阅读债权人的信件，导致因债务而被扣发薪水。很多人会试图忽略这些预警信号，有关个人理财教育项目的缺乏，使这种掩耳盗铃的事更容易发生。

只有到了债务人连信用卡上的最低还款额都付不起的时候，这种幻觉才宣告破灭。一位多年来每月支付最低还款额的成年女性讲述了她是如何突然意识到自己已经债台高筑的。她做了债务咨询后得知，根据其收入负债比，她应该申请破产。然后，她去找了"债奴无名会"，放弃了没有信用卡就无法生活的幻想。她剪碎了自己的信用卡，尝试与每个债权人达成还款计划，最终还清了她的全部债务。

"债奴无名会"是众多旨在帮助人们解决成瘾问题的十二步计划的其中一个项目。根据"债奴无名会"的12个传统习俗，"成为'债奴无名会'会员的唯一要求是不再发生无担保债务的意愿"。"债奴无名会"的根基包括实用和精神两个方面。在实用方面，要求债务人与"债奴无名会"的其他成员存在共同点，承认"我们对债务无能为力，我们的生活已经难以为继"，并进行"对我们自己的探索和无畏的道德清算"。在精神方面，则要求债务人相信"一种比我们更强大的力量能够让我们恢复理智"，并做出"一个决定，在我们理解上帝的同时，将我们的意志和生命交给上帝"。"债奴无名会"鼓励那些对金钱感到无能为力的人将促使他们上瘾的力量转向神。如果债务的负面作用可以起到强化精神生活的作用，那么对债务的理解也会让人感觉到金钱流动所带来的自然之丰饶。

为了从债务中得到解脱而求助于"债奴无名会"的这位女士，她所遭遇的是一种系统化地通过信用卡隐蔽地散播债务的丑陋行径。收款代理人不分时间地在深夜、清晨和周末给她打电话，用起诉和不良信用评级对她进行威胁。在六个多月的时间里，十个债权人中的每一个都至少每周给她打一次电话，这些打电话的人通常以一种怒气冲冲的语气，居高临下地指责她欠债不还、意图欺诈。他们听上去像是在照本宣科地告诉她，在欠下债务之前应该多想一想。他们反复询问她是否有存款，是否能向朋友和家人借到钱。对于她提出的还款时间表，他们的回应是"即便是依靠救济金生活的人也能拿出更多钱来"。

因此，在信用卡所承诺的快乐的另一面是那些无力还款的人所遭受的痛苦。这种痛苦显然是一个秘密，因为推销信用卡的公司并不想让我们知道，也许"你赚到了"或"它是聪明的钱"只是利用人们对金钱问题缺乏认识而借以牟利的众多谎言中的两个。这位女士在处理自己的信用卡时受到的对待也不算稀奇。这和最初招徕持卡人一样，只是系统的一部分而已。最初招徕的时候，大学生被告知，他们可以拥有信用卡和信用额度，而不需要最低收入或担保人。

因此，信用卡的标志性承诺——永远不需要偿还的无限信用额度——当然没有信守。广告中的憧憬是以营利为目的的系统的一部分，这个系统引诱人们，包括一些无力还款的人，获得并使用信用卡。那些无力偿还债务的人会被当作统计数字对待，并交给专业的讨债人。与之相反，现金支付成为现实中一种令人耳目一新的做法。现金象征着现有的潜力和能量，因此我们对于在现金上牺牲的感觉，比我们在使用信用卡时同意做出的，对未来还款承诺的感觉要更加强烈。如果我们想降低开销，用现金替代信用卡肯定会对我们有所助益。

银行通过向消费者提供贷款追逐利润

为了充分了解信用卡营销和债务增长的原因，我们必须将信用卡的使用与 20 世纪的消费主义和银行业的演变联系起来。在世纪之交，银行还没有试图从消费者身上获利。事实上，向消费者贷款尚未被银行纳入业务范围。如果一个工人获得信贷，那是来自当地商人的账户。一个不能从家人和朋友那里借到钱的人只有一条路可走，就是寻求收取高额利息且通常是具有毁灭性利率的高利贷。

大规模生产以及支持这种生产所必需的消费主义的观念还处在襁褓之中，银行便通过为产业界提供服务来获取利润。虽然工人可以把钱存入银行保管，但银行并没有让这些存款进行流通，而是以贷款的形式回到工人手中。如果说汽车是消费主义发展的象征，那么有趣的是，在 1910 年之前，购买汽车还必须以现金全额的方式付款。

在 19 世纪 90 年代的经济困难时期，银行家将普通人的信贷需求视为慈善问题。在慈善组织协会（Charity Organization Society）的支持下，许多银行家和富人共同捐款开设了一家当铺，可以快速地向人们提供小额信贷。成立于 1894 年的纽约公积金贷款协会作为一个慈善组织，致力于以合理的利率向人们提供信贷（直到今天一直还在这样做）。繁忙的公积金贷款协会办公室设计得像小小的希腊庙宇，暗示出人们对信贷的渴望。

这种未得到满足的信贷需求，终于让弗吉尼亚州诺福克市的一名律师作出了具有创新性的回应。这位阿瑟·莫里斯的专长是银行法和公司法，他认为80%的公众缺乏足够的信贷渠道。1910年，他在诺福克成立了信诚储蓄信托公司（Fidelity Savings & Trust Co.），向公众提供以赚钱能力和品行为基础的贷款。即便是高利率，也远比高利贷优惠很多，这家莫里斯银行很快就扩展到了其他城市。莫里斯发明了针对借款人的人寿保险，以保护莫里斯银行和为债务提供担保的承兑票据的担保人。所以莫里斯可以许诺，"任何人的债务都是人死债销"。

如果这还不够的话，莫里斯又帮助开发了分期付款购买汽车的融资概念。汽车分期付款信贷余额从1919年的3.04亿美元增加到1929年的13.84亿美元。如此大规模的信贷扩张使工厂一直忙碌地生产汽车，反之又刺激了经济发展，使20世纪20年代的牛市一骑绝尘。

事实上，虽然消费信贷的收缩在20世纪30年代非常普遍，但以工资为生的人仍在信贷风险方面显示出较大的优势。银行不能再继续忽略工薪族这一潜在的利润来源。在第二次世界大战以后，美国的消费信贷从1945年的56.65亿美元猛增到1965年的903.14亿美元，而通货膨胀的因素在其中占据的份额相当小。

银行建筑结构变化的象征意义

很自然地,银行一定要说服储户相信他们的钱是安全的。古代德尔斐的金库是为保存各个城邦国家的财富而建造的。从19世纪到20世纪初,设计银行的建筑师经常从希腊和罗马的古代庙宇中找寻模型。很多银行建筑看起来都像寺庙,它们的富丽堂皇中充斥着看不见的神灵的含蓄力量。柱状立面、巨大的入口和带有拱形天花板的挑高内庭,都力图激发人们敬畏之心。为了让人感觉这些建筑是巨大而牢不可破的金库,窗户往往都很小。即使在银行内部,职员也会隐藏起来,资金的往来进出都在职员压低嗓音的交谈中进行。

10美元纸钞背面的那幅版画是位于华盛顿特区的美国财政部。它宽阔的台阶向上延展,漂亮的柱子和庞大的体量都在昭示它对我们的生活所发挥的神圣不可侵犯的作用。美国财政部大楼建于1836年,是华盛顿特区第三古老的建筑,只晚于白宫和国会大厦。

费城的美国第一银行由小塞缪尔·布洛杰特[1]设计,建于1795年至1797年,其白色大理石的正面也有着类似的感觉。六

---

1. 小塞缪尔·布洛杰特(Samuel Blodget,1757—1814),美国建国时期的著名商人、经济学家和业余建筑设计师,早年曾作为民兵参加美国独立战争,后来积极参与了美国首都华盛顿的建设。费城的美国第一银行是他设计的最著名的建筑。

第八章　变化的符号：钱、信用卡和银行

根科林斯式[1]柱子支撑着一座山墙，墙上描画着合众国的纹章。托马斯·杰斐逊虽然不信任银行和信贷，但他对希腊和罗马建筑样式的热爱却对银行的建筑产生了影响。因此，美国第一银行是模仿了尼姆城（Nimes）的一座罗马神庙建造的，杰斐逊认为这是古代留存下来的建筑中最漂亮的。尽管建筑评论家们也注意到了其中的非古典因素，但是它所蕴含的纪念碑式的宏伟和古典的艺术鉴赏力使美国第一银行不仅成为第一家以这种风格建造的银行，而且成为后世银行所效仿的一个典范。华盛顿特区在建期间，美国第一银行一直是这个新兴国家的临时政府所在地，直到1800年。

一个多世纪后的1908年，国民城市银行（现在的花旗银行）为了将位于纽约市的美国海关大楼改作银行使用，聘请了著名的麦金米德与怀特建筑事务所（McKim, Mead & White），对这座长达一个街区的建筑进行了重新设计。海关大楼的正面已经有十二根令人印象深刻的爱奥尼亚式立柱[2]，麦金米德与怀特建筑事务所在此之上增加了四层楼，以十二根科林斯式柱子为正面，用以平衡下方的爱奥尼亚柱。由于第一排柱子是从一堵两人高的墙上开始的，所以整体上就有了纪念碑式的效果。在大楼内部，这项翻新工程使阳光从59英尺高的天花板最高处倾泻而下。

很多的银行可以被用作古典影响力的范例，但问题是，这种

---

1. 源于古希腊的一种古典建筑的柱式（如宙斯神庙采用的就是这种柱式），它比爱奥尼柱式更为纤细，装饰性更强。
2. 希腊古典建筑的三种柱式之一（另外两种是多立克柱式和科林斯柱式），它的特点是比较纤细秀美，又被称为女性柱，柱身有24条凹槽，柱头有一对向下的涡卷装饰。

寺庙式建筑无法在消费主义的增长和银行对消费者债务利息带来的利润的积极追求中延续下来。随着银行伸出双手努力迎合公众，一类新式的银行建筑应运而生。这种新设计带来的冲击最醒目地体现在斯基德莫尔奥因斯和梅里尔事务所（Skidmore、Owings & Merrill）于1953—1954年所设计的一个银行大楼立面上。这座朴实无华的四层建筑是制造业信托公司（Manufacturers Trust Company）位于纽约市第五大道和43街的一个分支机构，它的玻璃建筑正面有一块9.5英尺×22英尺的玻璃，是到那时为止的建筑上安装的最大的一块。

寺庙式银行展现出一种不可侵犯的安全形象，与此不同的是，现代化的玻璃幕墙将公众请进银行。它使得内部更容易接近，如果走在人行道上都能看清照明良好的室内，还有什么秘密可言呢？为了显示这家银行不存在秘密，建筑师们提供了一个明显的视觉证据。他们的设计将金库——早期银行最深藏不露的区域——放在与街道平齐的那一层。玻璃幕墙使过路人别无选择，一眼就能看见金库，不用仔细思量也能明白这家银行并未自诩为神庙。这种设计不仅是一场公共关系上的颠覆，也为银行的建筑设定了新的规范。

20世纪50年代初，银行信用卡和这场银行设计上的革命同时出现，这并非巧合，两者就如同兄弟姐妹，它们属于同一个家族。与过去的银行不同，这个家族希望有人陪伴。事实上，这种建筑暗示着客户是受欢迎的，而信用卡就仿佛是这种建筑的延伸。1970年，联邦政府禁止邮寄信用卡，在此之前已经有上百万人在邮件中收到了银行主动提供的信用卡，就好像是在邀请他们走进数量持续增加的一座座银行的玻璃大厦，会见一位位友善的银行家。美国消费信贷在 1970 年达到 1 316 亿美元，1980 年是 3 503 亿美元，1990 年更是高达 7 944 亿美元，公众的借贷意愿使这些玻璃窗格外引人注目，透过它们可以看到美国各地的银行职员都在办公桌前勤勤恳恳地工作。

如果钱被信用卡和电子转账取代，我们有何损失

对于信用卡的使用以及银行与消费者债务之间的关系，我们已经从多种原因出发加以探讨。这些无处不在的卡片的各种功能给他们带来了极大的方便，但是它们的目的都是增加消费者的负债规模。理解了这一点，我们每个人就能做出更为明智的选择，决定我们是否愿意承担这种债务，并为构成银行利润重要组成部分的利息收费做出贡献。

然而，除此之外，甚至对于更晚出现的电子资金转账现象，信用卡也提供了深入了解的方式。对发卡机构和用户两方面而言，无论信用卡使用量不断扩大背后的动机是什么，都一定会影响电子转账的使用。毕竟，信用卡只是迈向无现金社会的一步。自动柜员机无处不在，下一步很可能是通过交互式网络让我们能坐在家里购物，通过电子转账支付账单。政府正在尝试发行信用卡来代替福利金和食品券，希望通过消除繁文缛节和欺诈来降低成本，但其中一个效果是导致这些接受者失去了在用金钱换取商品或服务的过程中所固有的象征价值。

如果说以电子转账取代金钱似乎还遥不可及，那么我们应该

记住，已经有最大数额的金钱通过电子方式发生了转移。例如，由纽约 11 家最大的银行持有的清算所银行间支付系统每天以电子转账方式移动的资金达到一万亿美元，超过了整个美国的货币供应量。虽然 98% 的交易使用现金（85%）和支票（13%），但现金的交易金额仅占所有交易总额的 1%。所以说，个人习惯使用现金进行交易，而金融机构更倾向于以电子方式进行大规模的转账。

如果信用卡和电子转账完全取代纸钞和硬币的使用，这意味着什么？深深隐藏于市场上每天发生的价值衡量和交换之下，在我们的内心深处，对这件事情又会有什么样的体验呢？

我们已经讨论过，尽管金钱失去了黄金和白银的支撑，但仍然保有其象征性力量。一方面，金钱让我们知道自己的能力究竟有多大的成效。从这一点上，我们认为金钱是对我们付出劳动的回报，也是一种宝贵的流通和分享机制。另一方面，金钱让我们知晓了内心的丰富。所以，耶稣基督在他的许多寓言中提到了金钱，但显而易见的是，他使用金钱是因为金钱的增加很容易象征精神的成长。

如果金钱没有从一只手传递到另一只手，它的象征性财富就会消失，我们的硬币和钞票上就不会再有开国元勋和其他国家领袖的面孔。美国的国徽会从美元背面消失。"我们相信上帝"这句话将成为一个遗迹，因为这句铭文和承载它的金钱都将消失于无形。我们纸钞的绿色和出现在硬币和纸钞上的植物主题的图案也将不再随每次交换而出现在我们手中。

当现钞和硬币从我们眼前消失，它们便返回了冥界。我们不再感知到它们。通过电子资金转账而移动的金钱无疑是从一个地

第八章 变化的符号：钱、信用卡和银行

方挪到了另一个地方，但这种移动非常抽象，是我们无法用眼睛看到的运动，我们不能用自己的双手驱动或接收如此移动的东西。

不再考虑电子交易，想一想将人类与无形领域联结起来的其他方式的交流，让我们回到早期的人类身上，他们寻求与自身周遭世界的丰硕成果建立起某种联系。是哪一种无形的力量使猎物充足，或是带来雨水让田野结出果实？如今我们的金钱只提供了有关它起源于对无形力量崇拜的微弱线索，这至少还有一些看得见、摸得着的线索，表明人们最初是如何试图与看不见的神灵建立联系的。当然，金钱的往来传递提醒着我们，无论其效果多么微弱，人们在爱筵中彼此之间的联系，以及在祭祀中的交换和交流中与神的联系。

如果金钱消失了，从某种意义上说，我们就会步入一个完整的循环。不会再有任何有形的交换，我们为获得食物而牺牲的金钱将会消失。像早期的人类一样，会给我们留下一个富饶多产的世界，其中的神与灵都把自己完全隐藏起来。即使是金钱所提供的寥寥线索，也是我们可以解读的标记，是为我们提供了象征性财富的标记。如果金钱消失了，它就变成了无形的，毫无迹象的东西，成为我们试图理解我们的世界和我们自身丰富性的过程中所面临的最大挑战。

事实上，假如对信用卡进行更仔细的观察，它和电子资金转账之间的根本区别便显而易见。银行信用卡依靠创造债务为发行人谋利，而电子资金转账不会产生债务。电子资金转账其实与爱德华·贝拉米最初在《回顾：公元2000—1887年》中所设想的卡片类似。这样的卡片如今被称作"借记卡"，只能用于从持卡

人存了钱的账户中支取。与之类似，电子转账要求一个人应当在银行账户中有一定余额，然后才能根据该余额进行即时的资金转账。因此，大多数人会更喜欢旧系统而不是新系统，直到电子资金转账的成本变得与提现支票的成本相差无几。而银行缺乏有力的利润激励，也不愿转向电子转账系统，因为这种转账不利于产生债务并收取利息，而"快钱"是促使银行与消费者进行交易的动机。

赫尔墨斯与信息时代

我们被告知，我们生活在一个信息时代。当然，包围在我们身边的各种技术能够极大地提高信息处理和移动的速度。让我们想一想希腊的万神殿，统治信息时代的神无疑会是赫尔墨斯，即罗马人口中的墨丘利。他是最敏捷的神，是信使。刹那之间，他便从奥林匹斯山来到凡间帮助某位英雄，或者去往地狱营救珀耳塞福涅。既然赫尔墨斯是商业之神，我们也就不必惊讶于商业需求在这个信息时代得到了如此良好的服务。

但我们必须记住，赫尔墨斯还是盗贼之神，他颇有能力误导我们，并编织出幻想和谎言之网，使我们轻易沦为欺诈的受害者。海量的信息并不意味着我们每个人都能接收到高质量的信息。金钱的象征性财富可以帮助我们在一个越来越习惯于债务和"快钱"的社会中保持心态的平和。在当今这个时代，我们的外在形式移动得如此迅猛，但我们仍必须重视内心的变化速度。

第九章

牛市与熊市:股票市场如何反映不断更新的生命循环

第九章　牛市与熊市：股票市场如何反映不断更新的生命循环

在撰写《金钱的秘密》的过程中，我走遍了纽约市的金融区，观察了一些地标性的银行建筑物。让我联想到一座古希腊庙宇的，不仅有花旗集团大楼的立柱，还有纽约证券交易所的正面耸立着的六根科林斯式柱子，它们支撑着一堵三角形的山墙，上面有一幅引人注目的雕塑群像。我在研究这一群人物时，惊讶地发现中心人物戴着一顶有翅膀的头盔，这是商业和盗贼之神赫尔墨斯的标志。他的手臂从腰部的高度向外伸出，就像一个手握缰绳的车夫，每只脚上坐着一个婴儿，而成年人都在他伸展出去的双臂下劳作。

证交所的智慧令我惊叹，它采用了赫尔墨斯的形象，这是最适合代表商业繁荣的神，同时我承认，人类的产业发展有时也伴随着盗窃和欺诈的行为。出于好奇心，我想了解更多信息，便向交易所询问，很快就收到了一份否认的答复。那个中心人物根本不是赫尔墨斯，而是对"诚信之神"的描绘。我当然能够理解，为什么交易所想要宣称诚信正直是其主导力量,但是在神话里,有翅膀的头盔将赫尔墨斯定义为游走在两个世界之间的神。头盔上的翅膀象征着他的特质:改变层次、游历四方、快速移动和远距离交通的能力。将这些品质加诸诚信之神是非常合情合理的,就像说费城老鹰队这支橄榄球队的标志一样可以用于芝加哥熊队。

在这一章中,我们将试图理解股票市场上的一些符号,例如那个诚信之神的雕塑形象和牛市与熊市,它们与自然界的涨跌周期存在着古老的联系。对我们许多人来说,股票的涨跌走势似乎和决定各州彩票中奖者所选取的数字一样随意。但事实上,股票市场是个人欲望的一种反映,我们都渴望有所斩获,能为我们的家庭和社会做出贡献。

赫尔墨斯以诚信之神为先导

纽约证券交易所发端于美国建立初期。1792年,它建在华尔街的一棵白杨树下。这条街的名字源自1653年荷兰人为防御英国人而修建的一堵墙,后来被拆除。这个交易所的服务对象是一个刚刚开始工业化进程的农业国。在殖民地时代,只有6家皇家特许公司,它们在革命中大多消失了。但在18世纪90年代的经济增长中,有将近300家特许公司成立,其中许多都依靠纽交所向公众出售股票和债券来募集资金。

纽交所的扩大和越发重要,与19世纪的快速工业化同时发生。在很长一段时间内(1840—1890年),铁路公司的股票和债

第九章　牛市与熊市：股票市场如何反映不断更新的生命循环

券在纽交所的交易中占据主导地位，反映了铁路在国民经济发展中的关键作用。除了铁路，发明于 1844 年的电报，以及发明于 1876 年并于 1878 年在交易所安装的电话，都暗示着赫尔墨斯的日益重要的意义。随着工业时代的发展和信息时代的到来，他那种表现在交通和旅行速度上的特征变得越来越重要。这种新的发现和不断增长的速度改变了商业和人们的日常生活。

1886 年 12 月 15 日，纽交所首次售出了 100 万股股票。到 19 世纪 90 年代末，交易量飙升，纽交所准备扩建新址。1903 年，它搬进了百老汇大道 18 号的一栋新建大楼，并沿用至今。从很多方面来看，这座建筑都是一个未来主义的奇观。交易大厅四周安装了 500 多部电话，空调的开创性使用所需要布置的电缆长达 247 英里，墙壁和天花板上总长 6 英里的气动管道使交易信息可以快速移动。

受人尊敬的雕塑家约翰·昆西·亚当斯·沃德接受委托，创作了山墙上的雕塑。这组雕塑名为"保护人类杰作的诚信之神"，它以诚信之神为中心形象，一边是象征科学、工业和发明的人物在劳作，另一边则是象征农业和采矿业的人物。在很大程度上，这幅雕塑的标题直截了当地表现了它的标题，来自象征科学、工业、发明、农业和采矿业的裸体男性（除了一个穿着衣服的女人，她可能是在农业工作中提供帮助）的肌肉和思想中的"人类杰作"。令人惊讶的是，作为引领这些男性从事所有这些工作的先导，诚信之神是一个身着飘逸长袍和斗篷的女性。

很容易将这幅雕塑指斥为宣传品。毕竟，赫尔墨斯是盗贼之神，将他的头盔戴在一个女人身上，称她为诚信之神，这种方式可能只是在无视盗贼经常利用股市掠夺诚实投资者这一事实。在

20世纪80年代，贪婪的股市操纵者攫取了数千万美元，后来在狱中服刑，他们是只知道利用股市赚钱而不理会道德行为的最新一代不法分子。另外，金融业中的女性在世纪之交的时候肯定很少见，实际上，当时许多经纪人为女性客户提供单独的房间。只是到了第二次世界大战期间，纽交所才允许女性在交易大厅工作，而在回国的退伍军人重返岗位之后，这又停止了20年。直到1967年，缪里尔·西伯特才成为该交易所的第一位女性会员。于是，尽管在世纪之交和随后的许多年里，女性几乎没有参与过纽交所的工作，但诚信之神仍然是一位女性。

然而，沃德的雕塑看来不仅仅是宣传，它表明艺术家希望这个交易所能服务于一个不断发展的国家的生产和生活。当然，这个愿景的一部分包含着赫尔墨斯的特征：在20年的时间里，其移动和通信的速度将通过飞机、汽车和无线电的广泛使用而得以实现。但沃德提供了一个新的形象来主导我们卓有成效的努力，他似乎想改变赫尔墨斯身上不那么体面的一些特点，这个神在偷他兄弟的牛并为偷窃行为撒谎上颇有能力。因此，沃德试图为金融界增添在很大程度上缺失了的女性形象。这种情况下，一位名叫"诚信"的健美女子，以她伸出的双臂，为各行各业带来与其名字相称的公平交易。

当沃德这样的艺术家创造出一个女子的形象（尤其是诚信之神这样的人格化形象）时，他可能在描绘心理学家荣格所谓的"阿尼玛"[1]形象。阿尼玛意味着灵魂或生命（尤其是内在的生

---

1. "阿尼玛"（Anima）与"阿尼姆斯"（Animus）是荣格提出的两种重要原型。阿尼玛原型为男性心中的女性意象，阿尼姆斯则为女性心中的男性意象。因而两者又可译为女性潜倾和男性潜倾。

第九章 牛市与熊市：股票市场如何反映不断更新的生命循环

命），通过这种形象，一个男人可以寻找他生命之中未被发现的潜意识。这一形象可能出现在幻象、梦境，甚至是他遇到的一个女人之中。

通过内心巨大能量的搅动，一个男人可以知道他正在遇到一个阿尼玛的形象。他自身的未知部分试图变得可见，成为他相信自己应当是的那个人的一部分。见到这个代表未知事物的女人会让他感到欣喜和恐惧。当他已知的这个世界的坚固结构好像被一场强烈的地震撼动的时候，他立刻感到巨大的可能性在他面前铺陈开来。如果这个男人在一个真实的女人身上看到了他的阿尼玛，他必须动用其全部理性和克制来理解，这个阿尼玛是他编造出来的，是他对内在可能性的活力的想象。在沃德这位艺术家手中，这样一个阿尼玛的形象可能表达了集体潜意识的未知可能性，即社会发展和进化的潜力。

纽约证券交易所和世界各地的许多其他交易所是当今市场上最为发达的机构。这些交易所试图为资金提供渠道，以便将之用于生产性用途。神圣的交流通过献祭将人与众神灵联结起来，而这种世俗的交流将有钱的人与渴望把金钱用于生产目的的人联结起来，无论其目的是在19世纪建造铁路，还是在20世纪生产汽车和电脑。即便将这种对交易所的看法简化，它仍然抓住了这些市场的核心愿景和目的。虽然纽约证券交易所只操作着几家最大公司的数量有限的股票和债券，但对生产效率的追求激励着我们每一个人。较小的公司可以通过向有限数量的投资者进行私募以获得融资，创业者可以通过家人和朋友的储蓄或借款来创办自己的企业。员工提供他们劳动的生产效率，即使是在从容不迫的状态下，我们也可以从富有成效的工作中获得满足感。

艺术家在"保护人类杰作的诚信之神"中的愿景不是历史的反映，而是改善人类状况的期许。诚信之神只有首先保护了金钱——这一帮助我们创作的工具——她才能保护"人类的杰作"。金钱的外观可以保持不变，但其本质发生了变化，就像美国的货币在20世纪失去了黄金和白银的支撑。非常明显，金钱是对更大规模的社会的信任，是对政府的信任，是对努力创造丰富的商品和服务的全体公民的信任。一年又一年，这些商品和服务都为那些没有内在价值的纸币赋予了意义。为了保护我们的金钱，诚信之神必须让我们意识到金钱是我们分享能量和交流劳动成果的工具。除此之外，虽然这些檐下雕塑并没有提到市场有助于分配这些创造出来的财富，但诚信之神难道不必关心每个社会成员的福祉吗？

在更个人化的层面上，赫尔墨斯是灵魂的向导，是让我们跨越自身内在边界、发现自己内心新事物的神。如果将艺术家的视角应用到我们的个人心理上，我们就能理解对诚信之神主导我们探索自身天性的需求。当我们寻求自己内在的富饶，内心深处的潜力，无论它以何种方式表现在这个世界上，我们别无选择，必须表现出绝对的诚实。

因此，看一看纽约证券交易所山墙上的雕塑，我们再次遇见贯穿于《金钱的秘密》的许多主题。我们将金钱视作人类思维的产物，是满足我们的生产欲望的工具。认真思考一下交易所是如何为投资筹集资金的，我们就会禁不住好奇，是什么样的火花点燃了我们的无数创业梦想。在这里，我们再次感受到，无论是作为个人还是作为一个社会，我们创造出来的丰富所具有的神圣起源。当我们体会到我们的富足是来自大自然的无尽丰饶时，就能

第九章　牛市与熊市：股票市场如何反映不断更新的生命循环

理解让我们的丰富能够自由流入世界的重要性。这种无尽的丰饶是看不见的，所以无论是作为个人还是作为一个社会，我们都在不断努力了解和塑造这种看不见的东西。没有诚信之神的护卫和引导，我们可能永远不会相信看不见的东西，也不会体验到它的丰富。

生与死的伟大循环形塑了对丰收女神的膜拜，同时也影响着股票市场。"股票市场"这个词本身就意味着一个出售牲畜的地方。[1]因此，像"割肉"或"掺水股份"这样的表达方式便具有了相当的年代感，因为牲畜曾经是财富的主要形式。"动产"（chattel）一词是指可以移动的财产，与"牛"（cattle）这个词密切相关；"金钱的"（pecuniary）一词是指与金钱有关的，它源自拉丁语的"牲畜"（pecus）。

牛市与熊市：市场心理学

对股市上的投资者心理进行描述的最流行词汇是"看涨"与"看跌"。一方面，看涨意味着相信市场（或某只股票）的价值会上涨。因此，看涨的多头会买入。另一方面，看跌则是认为市场或（某只股票）的价值会下跌。所以看跌的空头会卖出。然而，对于以牛和熊指代多头和空头的用法是怎么来的，有关说法却并不多，也不能令人满意。对于为什么牛和熊在股票市场和人的心

---

[1] "股票"（stock）这个词在英语里也有"家畜"的意思。

理上代表着不同的影响力，如果我们能够更好地理解，或许就会深刻地体会到是什么东西让我们每一个人和我们的社会生机盎然。我们还可以解开一个小小的谜团，为什么"牛市和熊市"这样奇怪的称谓得到广泛使用，而且感觉如此恰如其分。

  牛和熊这一说法的采用至少可以追溯到17世纪初，当时它们已在伦敦证券交易所被使用。各种理论试图解释此种用法背后的原因。例如，有一种理论认为"牛"来自公牛昂起双角的姿势。在斗牛的时候，必须刺伤公牛有力的颈部肌肉，这样就使得它向上甩的动作对斗牛士来说不再那么危险。于是看涨指的是相信价格会被推高。至于"熊"，人们推出这么一种理论，认为它来自一句古老的英格兰谚语，说的是在抓住熊之前不要卖它的皮。在一只股票上看跌的投资者通常会对它做空。这意味着他们出售自己并不拥有的股票，寄希望在将来能以更便宜的价格买进这只股票从而获利。但无论是这样还是那样的理论都不能真正解释牛市、看涨、多头和熊市、看跌、空头这些概念的恰当性。

  如今，我们中间当然很少有人接触过公牛，因此我们很难想象，对前几代人以及生活在世界上工业化程度较低地区的许多人，公牛是多么的重要。对于猎人来说，所谓的"欧洲野牛"既是一个巨大的奖赏，也是一个可怕的猎物。这种野牛生活在由一头公牛统治的一群母牛组成的群落中，其中那头公牛肩高六英尺，重达2 000多磅[1]。部落里的人们可以尽情享用它的肉，用它的骨头做矛尖、鱼钩和其他工具，把它的皮肤做成衣服和帐篷。

---

1. 1磅约为0.454千克。

最后一头欧洲野牛在17世纪死于波兰。

斗牛似乎源于猎杀野牛所需的英勇无畏。显然，西班牙人在被罗马征服之前就开始与公牛搏斗，并将这一奇观引见给征服者。"稻草人"一词源于将装满稻草的穿着衣服的人形扔到公牛面前的做法，为的是激怒公牛，让它们在斗牛开始前就消耗掉一部分精力。

我们不知道牛是如何被驯化的，但这种驯化永远地改变了人类与自然的关系。不再依赖狩猎的牧民可以过上更稳定的生活。通过观察公牛和母牛，牧民们可能最早发现了性行为和生育之间的因果关系。一方面，将公牛与母牛分开意味着根本不会再有牛犊。另一方面，一头公牛可以使牛群中的所有母牛怀孕。于是，公牛所象征的不仅是强大的力量，而且还包括无限的生育力。

农业和放牧最初是分开进行的活动，但是古代人认为公牛的生育力可以使滋养作物的田地受精。当公牛拉着一副犁穿过田野，犁沟在地上伸展开来，接受公牛那赋予生命的力量。所有早期文明，包括底格里斯河与幼发拉底河地区、尼罗河及印度河流域，都以畜牧业和农业为基础。其中的每一种文明都将牛神作为一个主神加以崇拜。

在印度，雅利安人向许多牛神吟唱崇拜的圣歌，其中包括因陀罗，这头强壮的公牛用它的雨水滋润了大地，并使牛群受孕。古代苏美尔人崇拜公牛之神恩利尔，他对水的力量使他成为风暴之神和丰收之神。给恩利尔的圣歌用"众神的强大首领"、"生命世界的主宰"和"至高无上的压倒一切的牛"等词句向他表示敬意。苏美尔人相信，只要把公牛在田野里遛一遛，就能带来丰收。古埃及人对太阳神亚曼拉唱道："……赫利奥波利斯的公牛，众神之主……诸神之父，人类的缔造者，牲畜和牛的创造者，所有生灵的主人，全部生命的造物主……"

在苏美尔和埃及，国王与公牛的关系都很密切。于是在苏美尔，恩利尔和伟大的国王萨尔贡共享同一个尊称"野牛"。为了显示他们的神授和权威，国王们戴着牛角头饰，也只有国王才允许留胡子，因为那象征着力量，而且胡子还被安放在牛神的雕像上。在埃及，国王纳尔迈－美尼斯统一了上埃及与下埃及，他宣称自己是一头公牛。不仅从很早的时候起，崇拜公牛就被认为是崇拜国王，而且对埃皮斯和姆奈维斯[1]的公牛崇拜都是膜拜活牛形式的神，死了的公牛经过防腐处理后被放入一座大墓之中。

公牛崇拜也跨越了地中海。早些时候，我们讨论了腓尼基人如何将对牛神巴力的崇拜传播到迦太基等地。酒神狄俄尼索斯作为一头公牛受到崇拜，我们也探讨了他的漫游以及他与丰收女神西布莉的联系。在克里特岛，公牛再次象征着丰收，也与撼动该岛的地震的咆哮和破坏力联系在一起。克里特人举行一种春季节日，他们试图让公牛的神性生育力服务于人类。青年男女会和公牛"跳舞"，他们等待机会猛冲上前，抓住牛角，当公牛用力向上抬头时，他们一个筋斗翻到牛背上，化险为夷。这个仪式中的巨大危险换来的回报是一种信念，就是触碰牛角能带来有利于整个群体的生育能力。公牛的雄性气概反映在很多阴茎勃起的公牛形象中，同时还表现在另外一件事情上，与公牛共舞的女子将身上的衣服束起来，看上去就好像也拥有了男性的性器官。

在基督死后的几个世纪里，罗马帝国的许多士兵崇拜密特拉

---

1. 埃皮斯和姆奈维斯都是古埃及人崇拜的神牛的名字。

第九章 牛市与熊市：股票市场如何反映不断更新的生命循环

神，而且密特拉教与基督教为争夺信徒和最终的统治地位展开竞争。密特拉是终极的、不可知的天主和人类之间的神圣调解人。密特拉最著名的壮举是杀死了野牛，那是造物主创造的第一个生物。当密特拉发现这头巨大的公牛在山坡上吃草时，他大胆地抓住牛角，跳到它的背上。公牛挣扎着要把他甩下去，但密特拉紧紧抓住牛角，直到公牛筋疲力尽地投降。

然后密特拉拽住公牛的后蹄把它拖到一条布满障碍的路上，这段痛苦的旅程象征着人类的苦难。密特拉将公牛留在一个山洞里，但是它逃跑了，密特拉不得不违背自己的意愿，遵从上天的指令把它杀死。当公牛回到山洞入口时，密特拉抓住鼻孔把它的头往后拽，用自己的猎刀给予致命一击。

这场屠杀之后出现了奇迹。死去的公牛身体上长出了覆盖大地的有用植物——它的脊骨上长出了小麦，它的血液形成了葡萄树，它的精液变成了所有对人类有用的动物。因此，公牛的死亡实际上是一场极为重要的献祭。在完成了其他功绩之后，密特拉参加了一次以密特拉教圣餐仪式加以纪念的最后晚餐，并升入了天堂，他在那里守护并帮助人类。

密特拉教的教义假定人在死了以后会善恶有报。在一个命定的时间，当世界将被毁灭，天主会再次派出神奇的公牛来到凡间。密特拉会回到大地上，选择哪些死者能被起死回生，然后，密特拉会以这头神圣的公牛献祭。将它的肉与圣酒混合吞下，就会使被唤醒的人得到永生。在新的永生者祈祷之下，天主将消灭所有的恶人，并给全世界带来永恒的欢乐。

如果从这个宗教意象中退后一步，我们就会明白为什么牛市作为股市有望上涨的象征如此恰如其分。在经济发展中，进而在文明的进步中，牛都起着关键性的作用。公牛的巨大力量和生育能力使它值得尊敬与祭拜。崇拜公牛就是崇拜神圣的富饶与丰收。人们不仅心存感激，而且，他们通过自己的努力试图增加这些神的恩赐。

在对一只股票或整个股票市场看涨的时候，我们是在希望人类的努力能有所成效，并宣示这种具有神圣意义的丰富性。看涨意味着变得像公牛一样，成为带来丰收的授精者。买进就是以（表现为金钱形式的）生命活力献祭，希望某个公司能够发展壮大。如果我们在自己身上投资，也许是支付教育或培训的费用，就是在展示我们如何相信自己能在未来取得更大成功。无论是投资于一家公司还是我们自身，都是在将能量传递到无形的领域，希冀我们更多地释放那种无限的丰富。

双眼紧盯着最终盈亏的投资者可能不会从自己身上识别出神牛的能量，神牛的献祭为自然界的所有有用之物赋予了生命。趋势线、市盈率和资产清算价值是有用的工具，尽管它们可能会掩盖社会在生产和滋养上付出的更多努力。除此之外，看涨的投资者可能很难珍视增长以外的其他任何东西。所以我们想要获得一个完整的视野，我们也必须尊重其他必要的价值观。

熊作为精神助手

对熊的崇拜也是自古以来广泛存在的。尼安德特人把熊的头骨放在可能是祭坛的位置上，尽管我们永远无法确定其目的是否

第九章 牛市与熊市：股票市场如何反映不断更新的生命循环

为膜拜。如前所述，许多狩猎部落都通过仪式确保被杀死的熊愿意从灵魂的世界返回并再次被猎捕。在美洲印第安人的神话中，熊经常为英雄充当精神助手。因为熊会挖掘根茎，许多印第安部落把熊视作萨满和疗愈者。在欧洲和美国，诸多迷信都围绕着熊的治愈力展开，它的油脂能治疗秃顶并止痛，它的牙齿可治疗牙痛并有助于出牙的小孩长出坚固的牙齿、骑在熊背上可以治疗百日咳，睡在熊皮上能治疗背痛，还有从活熊身上剥下的毛皮，与酒精混合之后，被认为可以治疗惊厥。事实上，"教养"（lick into shape）这个短语来源于一种迷信的观念，熊崽刚生下来是时看起来又小又难看，经过母熊的舔舐以后才呈现出熊的模样。

今天，我们掌握了关于熊的更准确的信息，尤其是关于熊在冬眠期间的生物化学特性。熊的体温并不会像深度休眠的土拨鼠和松鼠那样在冬眠时下降。相反，熊在一天中要燃烧近 4 000 卡路里的能量，并保持一种可以被称为冥想的状态。土拨鼠和松鼠缺乏防御能力，但熊具有相当的能力苏醒过来并在入侵者面前自我保护。在冬眠的五个月里，熊甚至可以孕育或哺乳幼崽。

如果人类等其他哺乳动物也试图完成冬眠这一壮举，熊似乎打破了那些对前者构成约束的规律。它靠着积攒的脂肪维持生命，不吃任何食物，即使五个月不运动，它的骨骼也不会疏松；尽管缺乏锻炼，熊的身体实际上还变得更加精干了；而且，尽管熊在整个冬眠期间都不会排泄废物，但尿液里的毒素并不会发生堆积。研究熊的科学家发现，这些奇迹明显是由一个独特的循环系统形成的，在这个系统中，从骨骼中流失的钙质显然被捕获并用于新的骨质生长，而会变成毒素的尿液被膀胱吸收，合成有用的蛋白质和神经递质。科学家希望，对熊的研究可以帮助开发针对骨质疏松症或肾衰竭患者的药物。

熊和牛之间存在许多有趣的区别。公牛走路用四条腿，而熊可以像人一样用两条腿走路。牛是需要放牧的动物，但熊不是。公牛已被驯化，可熊从未驯化。牛一直保有它的生育能力，但是熊在冬季的几个月里离群索居。牛活在阳光普照的大地，而熊则进入地下的黑暗洞穴。

在神话中，熊表现为一个沉入阴间的骇人形象，在大地的子宫里自我滋养，每年春天醒来后获得重生。于是，熊就像人类的英雄一样，敢于冒险进入冥界那未知和潜意识的世界当中。对公牛的崇拜通过献祭公牛带来土地的更新。然而，来自大地子宫中的熊每年春天都会重生——却没有得到献祭。

因此，牛和熊存在于象征性的对位中。如果公牛永远是有生育能力的，它的授精能力永远是活跃的，那么公牛就是生活在时间、生命与死亡的世界里。只有献祭才能给这个世界带来新的活力，培育新的生命。而熊的一生中，很大一部分时间都生活在冥界，生活在灵魂的永恒王国里。在那里，它依靠自己的肉维持生命并吞噬自我。如同珀耳塞福涅一样，它吃掉自己的天性，在本质上越来越变成它本应成为的样子。通过这一神秘过程，这种具有保护作用的生物化学奇迹，熊在失去生命一般功能的情况下保持生存，它不吃东西，也不排泄废物。当它在春天到来时起身，便离开了阴间，重新回到我们所知的日常生活。在下一个冬天来临之际，大自然开始了又一次的轮转，熊再次退入没有时间概念的冬眠状态。

认为看跌的投资者仅仅是相信一只股票或整个股票市场的市值会下跌，这就忽略了做空行为的深层意义。从象征意义上讲，

第九章　牛市与熊市：股票市场如何反映不断更新的生命循环

看跌的投资者真正关注的是自然世界，无法驯化的世界，无法通过耕种为我们提供服务的世界。做空意味着我们必须有时间进行保护，我们必须有时间回收我们从公牛献祭中所获得的东西。在某种意义上，熊是我们的疗愈者和内心中的智慧存在，它要求我们克制无限获取的欲望，而去寻求充盈我们内心的丰富。所以，我们可能会像熊一样退缩并耐心等待，沉思又保持警觉，直到我们在时间世界中重生的季节到来。在这个重生的过程里，我们得到成功的"教养"。

既然所有投资者都想掌握股市在牛市和熊市之间的轮流变化的周期，我们就会试图找到一种合体，一个不断变化的整体形象，即牛熊合体。密特拉杀死公牛的故事就暗示了这样的一个合体，因为密特拉将捕获的公牛带到一个洞穴。虽然公牛逃跑了，可它又回到了洞口，随后密特拉在此处将它杀死。但是如果密特拉将公牛带回到洞穴的黑暗中，公牛会变得像熊一样吗？这真的是有关人性中的平衡的问题。我们能否既像公牛一样具有扩张性，又像熊一样具有收缩性？我们能否在发展经济的同时，又保护地球上的自然资源？我们能否既为金钱而拼搏，又力争更深入地了解自己？

迷宫之中

作为古代最有名的神话之一，"迷宫中的米诺陶洛斯"，能够以深刻的见解为我们提供帮助。希腊的主神宙斯拥有公牛的性冲动，经常会为了满足自己的性欲而以动物的形态出现。当迷恋上美丽的少女欧罗巴时，宙斯就变成了一头公牛，把她带到了克里特岛。这种变幻形状的倒错行为给随后的几代人造成灾难性的后果。

宙斯和欧罗巴有一个儿子米诺斯，成为克里特岛的国王。海神波塞冬送给米诺斯一头白色公牛作为祭品。米诺斯觊觎那头公牛，拒绝将它献祭。作为报应，米诺斯的妻子帕西法厄被迫爱上了这头公牛。她为公牛生下的儿子就是可怕的牛头怪米诺陶洛斯，长着公牛的脑袋和男人的身体。米诺斯国王把牛头怪囚禁在建于克里特岛克诺索斯的宫殿下方的迷宫里。

米诺斯国王帮助雅典人与作为牛头怪父亲的公牛作战，其间他自己的一个儿子被杀，因此他每隔九年便从雅典收到少男少女各七人作为祭品。他随后将这些活人祭品献给了米诺陶洛斯。最后，有一个雅典英雄忒修斯勇敢地闯入迷宫，徒手杀死了牛头怪。忒修斯顺着米诺斯的女儿阿里阿德涅提供给他的一根毛线从黑暗之中逃了出来，而阿里阿德涅后来成为牛神狄俄尼索斯的新娘。

米诺陶洛斯的神话中包含熊洞里的公牛形象，他是野兽和人类的结合，也是人类与神的结合。如果忒修斯是一个更聪明的英雄，他可能会坐下来和这个神奇的生物交流一番。那样，他就会了解到自己的天性中更为黑暗的秘密，这些秘密很快就让他抛弃了阿里阿德涅，并导致他自己的父亲死去。

米诺陶洛斯独处在迷宫里的永恒黑暗之中，可能他曾盼望开口说话。如果他能做到，如果一个人类的耳朵能听见他的声音，他会如何改变形状呢？因为米诺陶洛斯的名字叫"阿斯忒里

第九章 牛市与熊市：股票市场如何反映不断更新的生命循环

翁"（Asterion），意思是"星辰的"，于是他便获得了他那位天上的祖父宙斯的熠熠星光。事实上，迷宫最初可能不是一个迷宫，而是一个螺旋。因此，向下移动到中心的人可以安全地回到光明之中。

为了结束我们关于牛与熊的讨论，这个螺旋可以作为一个很好的意象。当我们想到股市的周期，可以想象一张图表上有一条从左向右波动的曲线。这条曲线的高度为市值，而向右运动则表示经过的时间。

但是让我们把股市的周期想象成一个上升的螺旋，那将是一个意识螺旋上升的意象。在某个层面上，我们可能会觉得，参与市场的唯一目的是赚钱或亏钱。而在另一个层面上，我们又会看到以牺牲金钱服务于他人所带来的收益。还有一个不同的层面，我们将发现与我们本性中的矛盾展开搏斗的价值。因此，当我们更全面地成为我们能够成为的人，此时此刻，我们就要面对自己身上的牛与熊、诚信之神与赫尔墨斯的不同意象。

后 记

为了面对与生俱来的自相矛盾,我们需要掌握有关我们自己和我们内心深处的信息,需要直面诸多的幻象。这不是一次即将完成的旅行,而是持续一生的不断跋涉。我们也曾积累起一些智慧,使我们意识到那些一度无法想象的事物,这一积累的过程是何其缓慢。成为我们自己,发现内心中一直以来不可见的丰富潜力,这又需要何其漫长的时间。

他们眼望上苍

金钱与这种内心袒露的相互交织构成了佐拉·尼尔·赫斯顿[1]的《他们眼望上苍》(*Their Eyes Were Watching God*)的核心

---

1. 佐拉·尼尔·赫斯顿(Zora Neale Hurston,1891—1960),美国小说家、黑人民间传说收集研究者和人类学家,20世纪美国文学的重要人物之一。

内容。这部小说出版于 1937 年，讲述了一个非裔美国小姑娘贾妮通过她的三段婚姻经历最终成为一个成年女性的故事。贾妮从小被母亲遗弃，由祖母抚养长大。她的祖母曾经是一个奴隶，还做过种植园主的情妇。

在贾妮那注定苦乐参半的生活中，金钱扮演着至关重要的角色。她最初接受了祖母的价值观。毫无疑问，祖母非常关心贾妮，希望孙女能过上最好的生活，所以坚持让贾妮嫁给一个年老而富裕的农场主洛根·基利克斯。可是贾妮根本看不上洛根，说此人看着像"墓地里的一个老骷髅头"，但为了让祖母高兴，她还是嫁给了这个人。

三个月后，贾妮告诉祖母，她还是没能爱上洛根。屈从于祖母的意愿为了钱而结婚，这打碎了贾妮少女时代的爱情憧憬。她不堪忍受基利克斯的虐待，与乔·斯塔克斯私奔了，这是一个渴望获得地位与权力的人。乔终于成功以后，贾妮发现自己再次成为一个有钱人的妻子，不知道自己真心想要什么，无法按照自己的意愿生活，她为此感到痛苦，只能慢慢地了解自己，了解自己的内心生活。贾妮与富有的丈夫关系疏远，在结婚 20 年后，乔的去世才终于让她获得了自由。

贾妮虽然已经很富有，但却十分孤独。她意识到自己是多么怨恨死去的祖母，"以爱的名义将她扭曲"。贾妮 16 岁的时候，"准备踏上通向远方的旅程去寻找一个人"，她的祖母却使她动摇，让她去追求"物质"。许多人告诉她，女人不可能独立生活，需要有个男人，贾妮对此嗤之以鼻。她甚至喜欢独处，因为那也意味着自由。

乔·斯塔克斯去世六个月后，贾妮遇到了一个能给她带来欢笑的男人。他比贾妮小10岁，在生活中根本不在乎金钱。比如说他想坐火车的时候，"不管有没有钱都要坐"。他的名字叫维尔布伯·伍兹（Vergible Woods），但人们都称呼他的绰号"茶点"。在他们第一次见面时，贾妮觉得"仿佛已经认识他一辈子了"。

要与"茶点"相爱，贾妮必须克服自己心中的狐疑，对方是不是在出卖自己的青春，她还必须忽视那些告诫她不可屈尊交往这类人的朋友。正因为有了"茶点"，她的内在生命才最终得以充分表达。这个伴侣没有贪图她的任何东西，而是真正地关心她这个人。在他们的关系中，金钱并非支配力量。虽然她是一个在银行存有大笔财富的有钱女人，但和"茶点"相伴的时候，她愿意做那些她与另一个男人在一起时拒绝或厌恶的事。她乐于与他一起分享，共同努力。

小说以一场可怕的死亡作为结尾，"茶点"救了贾妮的命，结果自己却因为被一只疯狗咬伤而死。但是，即便贾妮为失去他而悲伤不已，她却变得更加不为外界所扰。她既是周围的人和事件的一部分，也是他们的观察者。她爱"茶点"，但她对现实的看法已经成熟。她已经抵达自己的心底，触碰到了我们所有人内心中的无形之源。从这一内在发现中，通过忠实于自己的信仰和欲望，她终于能够过上最为充实的生活。与此同时，她明白，事件和人，甚至是"茶点"和自己对他的爱，都并非唯一的或最终的现实。她观察到了自己内心中无形的丰富，她已将自己的灵魂带入了生活。如果说她最初受到了金钱的束缚，那么她在这种束缚中成长起来，改变了自己，也改变了自己与金钱和他人的关系。

贾妮把自己的故事讲给了一位朋友，并在最后说道："你必须去过那里才能了解那里。"没有人能替我们走完人生之旅。"每个人都有两件事需要自己去做，他们要信上帝，他们要找到属于自己的生活。"孤独的时候，她觉得只要自己还活着，"茶点"就永远不会死。想到经历的这些事情，她感慨自己的人生是多么精彩。她既是这段丰富的生命经历的一部分，也是它的观察者，恰如小说结尾的这句话："她召唤自己的灵魂前来观看。"

贾妮将自己的生活视作一次旅行。随着自我意识的加深，她体验了与男人和金钱之间不同的关系。在我们的日常思维中，金钱似乎很难成为一个有用的工具，帮助我们更好地认识我们自己以及我们与他人的关系。然而，在许多方面，金钱在象征意义上的丰富性可以为通向我们内心的丰富开辟道路。

绿野仙踪

这一觉醒之旅具有原型的意义，一种在许多不同文化中以多种形式出现的启蒙和成长的模式。这段旅程并不适合所有人，风险巨大，而回报难测。然而，那些踏上旅程的人发现了他们曾经看不见的新的深度与潜力。关于这一原型之旅，最著名的一个故事就是为孩子们创作的《绿野仙踪》。

1896 年，民主党人正在芝加哥举行大会，聆听威廉·詹宁斯·布莱恩高呼反对黄金十字架上的受难，芝加哥的一位居民，L. 弗兰克·鲍姆写出了《绿野仙踪》。他 20 岁出头便在百老汇参加演出，后来在南达科他州做过一个失败的报纸出版商，1890 年搬到芝加哥以后,他经常光顾芝加哥新闻俱乐部(Chicago Press Club),当然也听到过很多有关白银问题的讨论。虽然鲍姆从未说过,他这个故事的某个层面涉及有关黄金和白银的全国大辩论,但这本书创作于1899年,并在1900年出版,也就是威廉·詹宁斯·布莱恩第二次竞选总统失败的那一年。就现实意义而言,金钱能在《绿野仙踪》中扮演一个重要角色吗?如果真是这样的话,这个故事也许就是一个关于金钱带来的权力和幻觉的寓言。

在故事的开头,小姑娘多萝西是个孤儿,和她的姨妈和姨父一起生活在干旱肆虐的堪萨斯州(1896年大选之前,西部各州发生了旱灾),她那只名叫托托的狗被飓风卷走,他们住的房子也被刮到了奥兹国。房子倒塌砸死了东方邪恶女巫。住在奥兹国的善良的芒奇金人把女巫的银色鞋子送给了多萝西。(由朱迪·加兰和伯特·拉尔主演的同名精彩电影对鲍姆的原著做了很多修改,这双鞋子从银色变成了红宝石色。)当多萝西说她想回家时,一条信息传来,要想回家,她必须去奥兹国中心的翡翠城,而要去那个地方,她一定要沿着黄砖路走(黄砖路强烈地暗示着19世纪末在银行金库中保存的金砖)。

为什么这片土地叫奥兹国呢?鲍姆说,他当时瞧了一眼文件柜里的某个抽屉,上面标着字母"O-Z",于是就起名为"奥兹"。但奥兹还有另一层含义,即作为白银和黄金的计量单位盎司。而多萝西正是出身于布莱恩所说的"让荒漠像玫瑰一样绽放的……资深拓荒者",她很快就被卷入了自己所知甚少的事情当中。她是这片神奇土地上的先驱,如果她想找到返回堪萨斯家中的道路,就必须亲身涉入黄砖代表的黄金和银色鞋子代表的白银。东方邪恶女巫又是谁呢？格罗弗·克利夫兰总统来自东部，在赢得第一个总统任期之前，他曾在那边担任纽约州长。当白银运动的旋风席卷西部时，民主党大会未能提名支持黄金本位制的克利夫兰。所以，在故事（指竞选活动）真正开始之前，他就被倒在身上的房子压死了。

多萝西穿上银色的鞋子，踏上了她的旅程，很快便遇到几个同伴：觉得自己是个傻瓜的稻草人，渴望拥有智慧；想要去爱的铁皮樵夫，渴望一颗心脏；还有渴望勇气的狮子。经过很多冒险以后，这四位探索者来到翡翠城的守门人面前。这个门卫并不像看守阴间之门的蛇尾多头犬克鲁贝洛斯那样可怕。他只是让多萝西和她的朋友们（甚至包括托托）戴上由两根金条固定的翡翠眼镜。

守门人用金钥匙打开翡翠城的大门，它的灿烂辉煌让几个新来者眼花缭乱："街道两旁都是用绿色大理石建造的漂亮房子，到处镶嵌着闪闪发光的翡翠。他们走在同样由绿色大理石铺就的人行道上……窗户上的玻璃是绿色的，甚至城市之上的天空还泛着绿光，太阳的光线同样是绿色的。"不用说，人也都是绿色的，商店和里面的一切全是绿色的。毫无疑问，这副眼镜使每个人都按照巫师希望的方式观看，从而创造出翡翠城里的诸多奇观。这四处弥漫的绿色让人联想到植物世界，以及出现在有关黄金白银的辩论中的"绿背票"。

并没有活人见过这位巫师，伟大的奥兹，"他能够以任意形式现身……真正的奥兹是谁，当他以自己的形式出现时，没有活着的人可以分辨出来"。多萝西和她的每一个队友都被单独带进了巫师的觐见室。每个人见到的景象都不相同：多萝西看到一颗巨大的头颅;稻草人看到一个美丽的女人;铁皮樵夫看到一只可怕的野兽;而狮子看到的是一团火球。巫师说,只有多萝西在其他人的帮助下杀死西方邪恶女巫,自己才能满足他们的愿望。

又经过了许多冒险以后,多萝西向西方邪恶女巫泼去一桶水,令她惊讶的是,邪恶女巫被溶化了。于是,1896年大选后的降雨给西部各州带来了丰收,也溶化了带来干旱的女巫。他们回到觐见室,想让巫师满足他们的愿望,托托拨开一道帷幕,发现巫师原来是一个秃顶的满脸皱纹的小老头,用他自己的话说,"一个普通人"和"一个骗子",用来吓唬多萝西和其他人的幻觉只不过是他的小把戏。

即使知道了对方并没有魔力,他们仍然相信巫师可以实现他们的愿望,并且坚持让他这么做。巫师给稻草人一个麸皮做的大脑,给铁皮樵夫一颗由木屑和丝绸制成的心脏,给狮子喝了一杯包含勇气的饮料。等他们离开以后,巫师一边哀叹一边纳闷,"所有这些人都让我做那些每个人都知道做不到的事情,这种情况下,我怎么能不是个骗子呢?"

然而稻草人、铁皮樵夫和狮子已经证明他们拥有了各自追求的东西。黄砖路上的障碍已经让他们在自己身上发现了想要巫师给予他们的东西。既然他们已经变成他们所盼望的样子,巫师便可以真的变个戏法,通过给予他们一个外在的标志来确认他们已经变成的那个样子。接受这个标志就如同某种仪式,促使他们在转变的过程中迈出最后一步,了解了自己已经变成什么模样。

虽然巫师无法帮助她,但多萝西最终还是知道了,其实自己一直就具备实现愿望的能力。她所缺乏的是对自身力量的认知。正如南方善良女巫告诉她的,银色的鞋子"可以带你去任何想去的地方"。随着她用双脚后跟磕碰三次,多萝西带着托托飞到了堪萨斯大草原,扑进她心爱的艾姆姨妈的怀抱。

我们永远不会知道 L. 弗兰克·鲍姆是否把他的故事当作一个有关金钱的寓言。然而,无论是想写一个故事还是了解我们自己,这一创作之旅往往远超我们的预期。不管奥兹国仅仅是文件柜抽屉里的字母"O-Z",还是黄金和白银的度量单位盎司的符号,它无疑是一片神奇冒险之地。它超出了我们的认知范畴,它是等待我们去发现的远方。

在故事的开头,多萝西告诉北方善良女巫,艾姆姨妈说所有的女巫都死了。善良女巫问堪萨斯州是否是一个文明的国家,多萝西说是的。

"这就是原因,"北方善良女巫说,"在文明国家,我相信已经没有女巫,也不会有巫师、术士或魔术师了。但是你看,奥兹国还从来没有开化,因为我们与世界上其他地方隔绝了。因此,我们这些人里仍然存在男女巫师。"

存在于我们中间的这个"与世界所有其他地方隔绝"的所在,提出一个挑战,促使我们迈上旅途,经过守门人,以便我们可以将那里的财富带回文明世界,即我们日常意识的世界。我们可以称这个地方为奥兹、迷宫、冥界或潜意识,但它的挑战是让我们吃掉自己的天性。通过这一过程,我们带回了稻草人的智慧、铁皮樵夫的爱和狮子的勇气,而且我们可以带着新发现的自我意识回到我们的出发地,无论是堪萨斯州还是其他任何地方。

有时候,我们或许会觉得这样的旅程似乎浪费了我们太多的生命。为什么我们一定要像稻草人、铁皮樵夫或狮子一样呢?为什么我们每个人都要面对黄砖路的恐怖与离奇呢?我们生来并不

后 记

像神那样能对自己和命运了如指掌,这就是我们人类的状态——一种我们要努力去理解的状态。我们是死亡和重生的巨大循环的一部分,是通过献祭最终为我们带来无形世界财富的那种相互作用的一部分。

《金钱的秘密》始于一个男子的故事,他向一个木头神像祈祷,期盼它能给予自己金钱和成功。从遇见那个男人和他的偶像开始,我们已经在黄砖路上走了很长一段时间。我们已经看到金钱如何能以无数种形式存在,而不会削弱它令人痴迷的象征力量;我们已经看到墨涅塔的光芒和她的脸庞,金钱就是从这位丰收女神的身上流出;我们已经懂得金钱如何激发我们每一个人和我们的社会为收获而做的努力。

追求物产的丰饶确保了我们生存所需的食物供给,用更现代的说法就是,保证了我们取得成效,通过这种追求,金钱和向精神世界贡献祭品的早期仪式联系在一起。如果看一看这些为了神的恩惠并试图与神进行交流的贡品,我们对金钱的崇拜也就更加容易理解。这些仪式可能需要以人或动物献祭,这有助于我们理解金钱问题何以会让我们感到自己的生命岌岌可危。

金钱对我们的生命活力的象征力量令我们感到困惑,我们以为自尊和自我价值取决于占有多少金钱,而不是以金钱为工具更深入地审视自我。守财奴通过囤积生命活力来建立自尊和安全感。然而,这种囤积行为违背了拥有金钱的真正目的,因为如果要实现金钱在人际之间交换的目标,流通是至关重要的。金钱的流转,尤其是在服务于社会的过程中,使我们能够触及内心拥有的出于本性的财富,即通过给予他人而积累起来的能量。

然而,这些给予我们的金钱——例如遗产——可能会受到情感问题的影响。只有仔细评估哪些是真正属于我们的东西，才能从父母作为遗产向我们提供的金钱、财产、爱、教育和价值观中选择出应当保留什么。债务以其特有的形式，也涉及给予和接受。如果我们不想被债务囚禁，就一定要理解债务是如何表达我们的未来，我们将如何发展，以及我们会有何种能力来偿还他人提供给我们的能量。

《金钱的秘密》聚焦于一些可能让我们迷惑的场景。例如，美国的货币看起来几乎一成不变，但不再有黄金或白银在背后支持。信用卡暗示我们可以借钱而再也不用偿还，但这种幻觉只会带来一种潜在债务对人的囚禁。在过去的100年里，银行已经从为少数人服务的庙宇变成了从多数人身上获利的消费者债务商家。即使股票市场具备理想的渠道，能将社会能量导向最具生产力的企业，它也存在着牛市与熊市，两者象征着上涨与下跌在永无止境的周期中的一轮又一轮波动。因此，我们看到股票市场上的公牛不过是以其精液肥沃大地的神牛的影子。

消除有关金钱的幻觉能引领我们走向那些对我们来说最为真实的价值观。我们每个人都必须找到自己天性中的丰饶。我们每个人都必须决定我们有多大的意愿分享我们的金钱、我们的成就和我们的能量。所以，我们与金钱的关系会让我们更加深刻地理解我们与他人的关系、与群体的关系。

我们的消费主义文化似乎很珍视金钱和财产，但是通过本书的探讨，我们知道金钱的秘密可以触及内心之丰富。对金钱的理解实际上会有助于我们召唤自己的灵魂前来观看，因为墨涅塔的丰收能力不仅存在于田野、工厂或办公室，也存在于我们的思想和心灵中的创造与热爱。

参考书目

1. Anderson, Quentin. *Making Americans:An Essay on Individualism and Money*. New York: Harcourt Brace Jovanovich, Publishers,1992.

2. Angell, Norman. *The Story of Money*. Garden City: Garden City Publishing Company,Inc.,1929.

3. Bornemann, Ernest, comp. *The Psychoanalysis of Money*. New York:Urizen Books,Inc.,1976.

4. Breton, Denise, and Christopher Largent. *The Soul of Economies: Spiritual Evolution Goes to the Marketplace*. Wilmington: Idea House Publishing Company,1991.

5. Brown, Norman O.*Life Against Death: The Psychoanalytical Meaning of History*. 2d ed. Hanover: Wesleyan University Press,1985.

6. Buck, James E., ed. The New York Stock Exchange: *The First 200 Years*. Essex: Greenwich Publishing Group,Inc.,1992.

7. Bush,Lawrence,and Jeffery Dekro. *Jews,Money&Social*

Responsibility: Developing a "Torah of Money" for Contemporary Life. Philadelphia: The Shefa Fund, 1993.

8. Butterworth, Eric. *Spiritual Economics: You Deserve Abundance; Reshaping Your Attitudes About Money, Spirituality, and Personal Prosperity*, rev, ed. Unity Village: Unity Books, 1993.

9. Coleman, Peter J. *Debtors and Creditors in America: Insolvency, Imprisonment for Debt, and Bankruptcy, 1607-1900*. Madison: The State Historical Society of Wisconsin, 1974.

10. Desmonde, William H. *Magic, Myth, and Money: The Origins of Money in Religious Ritual*. New York: The Free Press of Glencoe, Inc., 1962.

11. Einzig, Paul. *Primitive Money*. Oxford and New York: Pergamon Press, 1960.

12. Fitch, Alger. *What the Bible Says about Money.* What the Bible Says Series. Joplin: College Press Publishing Company, 1987.

13. Friedman, Milton. *Money Mischief: Episodes in Monetary History*. New York: Harcourt Brace Jovanovich, 1992.

14. Fromm, Erich. *To Have or to Be?* 2d ed. New York: Bantam Books, 1981.

15. Grant, James. *Money of the Mind: Borrowing and Lending in America from the Civil War to Michael Milken*. New York: Farrar Straus Giroux, 1992.

16. Greider, William. *Secrets of the Temple*. New York: Simon and Schuster, 1987.

17. Hyde, Lewis. *The Gift: Imagination and the Erotic Life of*

Property. New York:Vintage Books,1979.

18. Jones,J.P. *The Money Story.*New York: Drake Publishers Inc, 1973.

19. Kurtzman, Joel. *The Death of Money:How the Electronic Economy Has Destabilized the World's Markets and Created Financial Chaos.* New York: Simon and Schuster,1993.

20. Lapham,Lewis H. *Money and Class in America: Notes and Observations on the Civil Religion.* New York: Ballantine Books,1988.

21. Lindgren, Henry Clay. *Great Expectations: The Psychology of Money.* Los Altos: William Kaufmann, Inc.,1980.

22. Lockhart, Russell A., James Hillman, Arwind Vasavada, John Weir Perry, Joel Covitz, Adolf Guggenbuhl-Craig. *Soul and Money.* Dallas: Spring Publications,Inc., 1982.

23. Mandell, Lewis. *The Credit Card Industry: A History.* Twayne's Evolution of American Business Series, edited by Edwin J. Perkins.Boston: Twayne Publishers, 1990.

24. Millman, Marcia. *Warm Hearts and Cold Cash: The Intimate Dynamics of Families and Money.* New York: The Free Press,1991.

25. "Money," *Parabola: The Magazine of Myth and Tradition,* Spring 1991.

26. Needleman, Jacob. *Money and the Meaning of Life.* New York: Doubleday Currency, 1991.

27. Parry, Jonathan, and Maurice Bloch, eds. *Money and the*

Morality of Exchange. Cambridge and New York: Cambridge University Press,1989.

28. Quiggin, A. Hingston. *A Survey of Primitive Money: The Beginnings of Currency.* London: Methuen and Co. Ltd.,1949.

29. Rockoff, Hugh." The "Wizard of Oz' as a Monetary Allegory," *Journal of Political Economy*, vol.98,no.4,pp.739-60.

30. Sardello, Robert J, and Randolf Severson. *Money and the Soul of the World.* Dallas: The Pegasus Foundation,1983.

31. Seidman, L. William. *Full Faith and Credit.* New York: Times Books, 1993.

32. Simmel, Georg. *The Philosophy of Money.* Edited by David Frisby. Translated by Tom Bottomore and David Frisby. 2d ed. London and New York: Routledge, 1990.

33. Stein, Joel, and Caroline Levine, eds. The Museum of Fine Arts, Houston, and Parnassus Foundation. *Money Matters: A Critical Look at Bank Architecture.* New York: McGraw-Hill Publishing Company,1990.

34. Tierney, Patrick. *The Highest Altar:The Story of Human Sacrifice.* London: Bloomsbury, 1989.

35. Wixen, Burton N. *Children of the Rich.* New York: Crown Publishers, Inc., 1973.

36. Yablonsky, Lewis. *The Emotional Meaning of Money.* New York and London: The Gardner Press,Inc.,1991.

致　谢

我衷心地感谢我的朋友、家人和同事，他们的热情鼓励和深刻见解帮助我成功完成了这部作品。感谢杰里米·塔彻公司（Jeremy P. Tarcher, Inc.）的各位员工，特别是康妮·茨威格（Connie Zweig），承蒙她提供了独到的编辑建议。我也要对奥沃斯出版社的杰出员工们在各方面提供的帮助表示感谢。作为近二十年来的代理人，吉恩·纳加尔（Jean Naggar）为《金钱的秘密》进入商界所作的指导堪称典范。借本书于2022年获得重印的机会，我为里昂·鲁索曼诺和卡洛琳·鲁索曼诺（Lyons and Caroline Russomanno）伉俪的热情支持向他们表示衷心的感谢。